W0207929

Joachim Schote

Orientierungskurs

→ Grundwissen Politik, Geschichte und Gesellschaft in Deutschland

Cornelsen

Orientierungskurs

→ Grundwissen Politik, Geschichte und Gesellschaft in Deutschland

Ausgabe 2017

Im Auftrag des Verlages erarbeitet von Joachim Schote

Redaktion: Joachim Becker
Redaktionsleitung: Gertrud Deutz

Bildredaktion: Joachim Becker, Anna Koltermann, Rebecca Syme

Illustrationen: Matthias Pflügner
Gesamtgestaltung und technische Umsetzung: zweiband.media, Berlin

Hörtexte als MP3 unter www.cornelsen.de/orientierungskurs:
Sprecherinnen und Sprecher: Denis Abrahams, Iris Boss, Simon Fleischhacker, Angelina Geisler, Kim Pfeiffer, Benjamin Plath, Oliver Rickenbacher, Paul Sonderegger, Felix Würgler.
Regie: Susanne Kreutzer
Tontechnik: Hüseyin Dönerta, Christian Marx
Studio: Clarity Studio Berlin

www.cornelsen.de

1. Auflage, 5. Druck 2021

Alle Drucke dieser Auflage sind inhaltlich unverändert und können im Unterricht nebeneinander verwendet werden.

Druck: AZ Druck und Datentechnik GmbH, Kempten

ISBN 978-3-06-520959-5
ISBN 978-3-06-520960-1 (E-Book)

PEFC
PEFC/04-31-2260

PEFC zertifiziert
Dieses Produkt stammt aus nachhaltig bewirtschafteten Wäldern und kontrollierten Quellen.

www.pefc.de

Orientierungskurs • Auf einen Blick

Das Lehrwerk auf der Niveaustufe A2 /B1 des Gemeinsamen europäischen Referenzrahmens orientiert sich eng am Curriculum für einen bundesweiten Orientierungskurs des Bundesamtes für Migration und Flüchtlinge (BAMF). Der Band bietet Material für 100 Unterrichtsstunden und dient auch zur Vorbereitung auf den bundeseinheitlichen Test „Leben in Deutschland".

In drei Modulen werden die Themenbereiche:
– *Politik in der Demokratie*,
– *Geschichte und Verantwortung* und
– *Mensch und Gesellschaft*

multiperspektivisch behandelt. Das Basiswissen, das in den Modulen vermittelt wird, soll dazu beitragen, das politische und soziale System der Bundesrepublik, die historische Entwicklung seit der Zeit des Nationalsozialismus sowie das Alltagsleben in Deutschland besser zu verstehen. Besonderes Gewicht liegt auf der Vermittlung von Werten und Normen, die für das Zusammenleben und den Alltag der Menschen in Deutschland maßgeblich sind. Außerdem finden die Teilnehmerinnen und Teilnehmer Anregungen, sich mit aktuellen Themen und Angelegenheiten an ihrem Wohnort zu beschäftigen.

Die Themen und Inhalte werden teilnehmerorientiert aufbereitet und haben immer einen Bezug zum Alltag der Lernenden. Die klar strukturierten Lernsequenzen mit abwechslungsreichen Aufgaben ermöglichen es den Lernenden, ihre Kompetenzen Schritt für Schritt auszubauen.

Die Einführungsdoppelseite des Lehrwerks führt in die Themen des Orientierungskurses ein und bietet den Lernenden die Gelegenheit, Vorwissen zu aktivieren. Jeweils am Ende der Module sind die wichtigsten Informationen auf der Seite *Wissen im Überblick* zusammengefasst. Daran schließt ein Abschlussquiz zur Selbstevaluation an. Die letzte Doppelseite *Der Orientierungskurs – Eine Bilanz* ermöglicht einen Rückblick auf den gesamten Orientierungskurs.

Neben den Übungen in den Modulen 1 bis 3 sind die entsprechenden Nummern der Fragen aus dem Gesamtfragenkatalog zum Test „Leben in Deutschland" als Marginalien angegeben, die zu einer frühzeitigen Vorbereitung auf den Orientierungskurstest anregen sollen.

Der Anhang umfasst

– Tipps zum Einbürgerungstest/Orientierungskurstest,
– einen Modelltest zur Vorbereitung auf den Test „Leben in Deutschland",
– Projektideen und Vorschläge für politische und historische Ortserkundungen,
– eine (Muster-) Exkursion zur Erweiterung und Vertiefung einiger im Kurs behandelter Themen,
– die Hörtexte sowie die Lösungen.

Die **Handreichungen für den Unterricht** enthalten Vorschläge und Tipps für Unterrichtsabläufe sowie Kopiervorlagen für zusätzliche Unterrichtsaktivitäten.

Unter www.cornelsen.de/orientierungskurs finden Sie die Hörtexte als MP3-Audiodateien, die Handreichungen für den Unterricht und weiteres Material für die Arbeit mit dem Orientierungskurs.

Viel Spaß und Erfolg wünschen Ihnen der Autor und die Redaktion!

Inhalt

MODUL 3 **Mensch und Gesellschaft**

Anhang

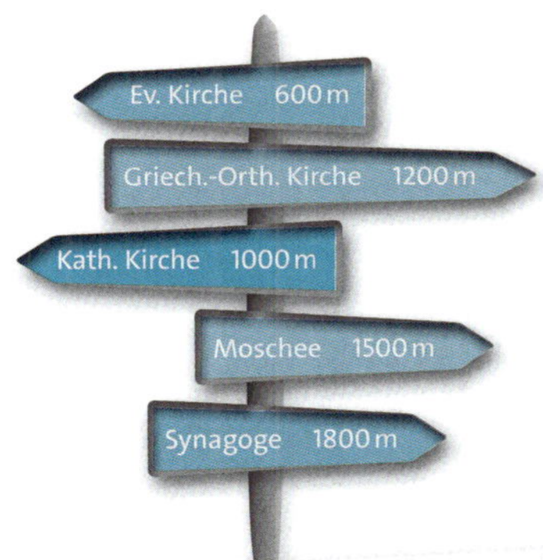

Orientierung – Was ist das?

1a **Erste Orientierung in einem fremden Land. Was sagen die Leute? Haben Sie ähnliche Erfahrungen und Interessen? Lesen Sie die Aussagen und sprechen Sie mit Ihrem Lernpartner.**

Mein erstes Problem war die Sprache. Ich brauchte immer Hilfe, wenn ich einen Termin beim Arzt machen wollte.

Am Anfang wusste ich nicht, wo und wie man Fahrkarten für die Busse und Straßenbahnen kauft.

Ich finde es schwierig, Leute kennenzulernen. Wie spricht man hier andere Leute an?

Ich würde gern wissen, wie wichtig die Religion in Deutschland ist.

1b **Berichten Sie über Ihre Erfahrungen und Interessen im Kurs.**

1c **Was bedeutet Orientierung außerdem? Lesen Sie die Texte und ordnen Sie die Überschriften zu.**

Orientierung in Politik und Geschichte – Orientierung im Alltag – Orientierung im Beruf – Orientierung für die Zukunft

1. ____________________

Im Heimatland ist alles viel einfacher. Man lernt die Alltagsregeln schon als Kind durch die Erziehung, z. B. was höflich oder was unhöflich ist. In einem fremden Land muss man viele Dinge neu lernen.

2. ____________________

Wenn man die Heimat verlässt, um in einem fremden Land zu leben, muss man oft auch im Beruf neu anfangen. Man braucht Informationen über die beruflichen Möglichkeiten oder Weiterbildungsangebote.

3. ____________________

Es ist wichtig, dass man weiß, was in dem Land passiert, in dem man lebt, zum Beispiel in der Politik. Auch das ist im Heimatland einfacher, denn Geschichte und Politik des Heimatlandes lernt man in der Schule.

4. ____________________

Orientierung ist auch wichtig, wenn man die Zukunft plant. Man sollte wissen, welche Ziele man erreichen will. Dafür braucht man Informationen. Man sollte über sich selbst und über die Menschen nachdenken, mit denen man zusammenlebt.

التوجه للحياة لألمانيا ما هو

2a Orientierung für ein Leben in Deutschland. Was ist für Sie wichtig? Kreuzen Sie an.

Orientierung bedeutet für mich, dass ...

- [x] ich weiß, wie ich Arbeit finden kann.
- [ ] ich Behördenformulare ausfüllen kann.
- [ ] ich weiß, was der Bundestag macht.
- [ ] ich etwas über den Nationalsozialismus weiß.
- [x] ich alles so mache wie die Deutschen.
- [x] ich das deutsche Schulsystem kenne.
- [ ] ich etwas über die Gesetze in Deutschland weiß.
- [ ] ich immer pünktlich bin.
- [x] ich etwas über das Familienleben in Deutschland weiß.

2b Was ist für Sie außerdem wichtig?

3a Der Orientierungskurs hat drei Module. Zu welchen Modulen gehören die Fotos?

A

B

C

D
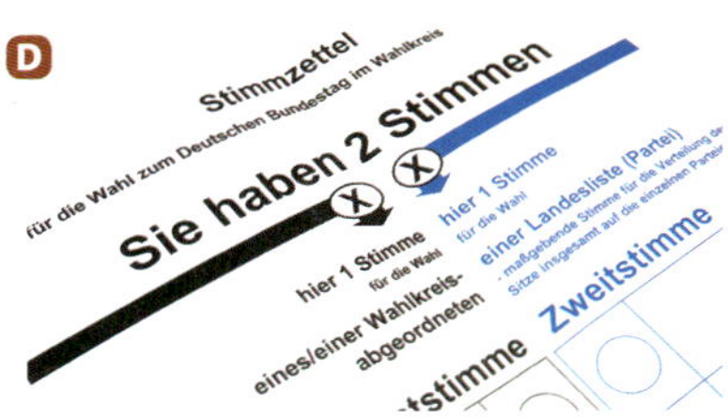

E

F

Politik in der Demokratie: Fotos: C _D

Geschichte und Verantwortung: Fotos: E _B

Mensch und Gesellschaft: Fotos: A _F

i

Am Ende des Orientierungskurses steht der Abschlusstest „Leben in Deutschland“, der auch für eine Einbürgerung sehr wichtig ist. Nähere Informationen dazu erhalten Sie im Unterricht sowie auf den Seiten 96 und 97 in dem vorliegenden Orientierungskursheft.

3b Schreiben Sie eine Frage zu jedem Modul. Arbeiten Sie in Gruppen. Tauschen Sie die Fragen aus. Wer weiß die Antwort?

Politik in der Demokratie:

Was macht der deutsche Bundestag?

Gesetze

Geschichte und Verantwortung:

Wann hat der Zweite Weltkrieg angefangen?

01.09.1939

Mensch und Gesellschaft:

Welche Werte sind in Deutschland für eine Familie wichtig?

Familienleben

Modul 1

Politik in der Demokratie

Politik allgemein

1a Ergänzen Sie die Texte.

Bundestag – Grundgesetz – Sozialsystem – Parteien – Rechtsstaat – Demokratie – Bundespräsident – Abgeordnete – Brandenburger Tor

55, 74

1 Hier hat das deutsche Parlament, der Bundestag, seinen Sitz. Zurzeit gibt es vier Fraktionen.

89, 128 **2** Der Plenarsaal des Bundestages. Seine Mitglieder und die Mitglieder anderer Parlamente nennt man Abgeordnete. Sie gehören zu verschiedenen Parteien und arbeiten in Fraktionen zusammen.

3 Deutschland ist eine Demokratie mit freien und geheimen Wahlen.

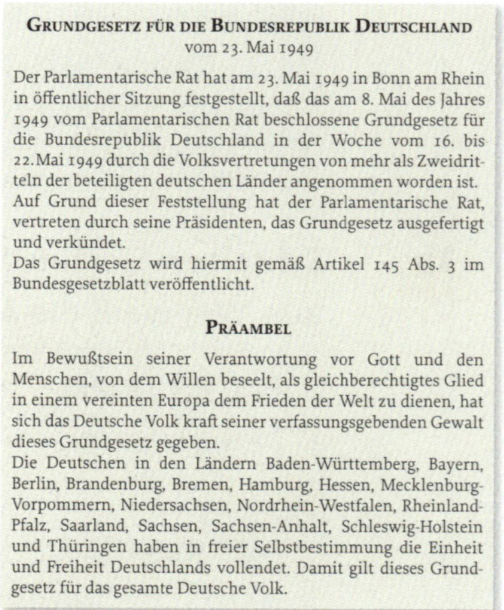

Grundgesetz für die Bundesrepublik Deutschland
vom 23. Mai 1949

Der Parlamentarische Rat hat am 23. Mai 1949 in Bonn am Rhein in öffentlicher Sitzung festgestellt, daß das am 8. Mai des Jahres 1949 vom Parlamentarischen Rat beschlossene Grundgesetz für die Bundesrepublik Deutschland in der Woche vom 16. bis 22. Mai 1949 durch die Volksvertretungen von mehr als Zweidritteln der beteiligten deutschen Länder angenommen worden ist.
Auf Grund dieser Feststellung hat der Parlamentarische Rat, vertreten durch seine Präsidenten, das Grundgesetz ausgefertigt und verkündet.
Das Grundgesetz wird hiermit gemäß Artikel 145 Abs. 3 im Bundesgesetzblatt veröffentlicht.

Präambel

Im Bewußtsein seiner Verantwortung vor Gott und den Menschen, von dem Willen beseelt, als gleichberechtigtes Glied in einem vereinten Europa dem Frieden der Welt zu dienen, hat sich das Deutsche Volk kraft seiner verfassungsgebenden Gewalt dieses Grundgesetz gegeben.
Die Deutschen in den Ländern Baden-Württemberg, Bayern, Berlin, Brandenburg, Bremen, Hamburg, Hessen, Mecklenburg-Vorpommern, Niedersachsen, Nordrhein-Westfalen, Rheinland-Pfalz, Saarland, Sachsen, Sachsen-Anhalt, Schleswig-Holstein und Thüringen haben in freier Selbstbestimmung die Einheit und Freiheit Deutschlands vollendet. Damit gilt dieses Grundgesetz für das gesamte Deutsche Volk.

6, 11 Die Verfassung von Deutschland: das Grundgesetz. **4**

5 Das Sozialsystem: Sozialversicherungen wie die gesetzliche Kranken-, Pflege- oder die Rentenversicherung sollen den Menschen soziale Sicherheit bieten.

3 Deutschland ist ein Rechtsstaat: Richter und Gerichte sind unabhängig von der Regierung.

6

75, 87

7 Der Bundespräsident ist das deutsche Staatsoberhaupt. Er wird alle fünf Jahre von der Bundesversammlung gewählt. Seit 2017 hat Frank-Walter Steinmeier dieses Amt inne.

Das Brandenburger Tor und der Bundesadler sind auf der Rückseite von deutschen Euro-Münzen.

8

9 Wahlplakate der Parteien am Straßenrand. Sie sind in der deutschen Politik sehr wichtig. Im Grundgesetz heißt es: „Die Parteien wirken bei der politischen Willensbildung des Volkes mit.“ (Artikel 21)

1b Testen Sie Ihr Wissen. Kreuzen Sie an: richtig oder falsch?

53

		R	F
1.	Der Bundestag wird alle vier Jahre gewählt.	☒	☐
2.	Niemand muss sich in der gesetzlichen Kranken- oder Rentenversicherung versichern. Das ist freiwillig.	☐	☒
3.	In einem Rechtsstaat muss sich der Staat nicht an die Gesetze halten.	☐	☒
4.	An Kommunalwahlen dürfen nur deutsche Staatsbürger teilnehmen.	☐	☒
5.	Im Bundestag gibt es auch Parteien, die gegen die Regierung sind.	☒	☐
6.	Das Grundgesetz ist die Basis für das politische System in Deutschland.	☒	☐
7.	Eltern müssen für ihre Kinder in der gesetzlichen Krankenversicherung keine Extrabeiträge bezahlen.	☒	☐
8.	Die Bundesregierung kann das Grundgesetz jederzeit ändern.	☐	☒
9.	Die Landesregierungen haben ihren Sitz in Berlin.	☐	☒

Die Würde des Menschen

i

Demokratie ist nur möglich, wenn die Menschen **Grundrechte** haben. Die Grundrechte sind Rechte, die den Bürgern eines Staates garantiert sind. Im Grundgesetz stehen sie in den Artikeln 1–19. Die Artikel 1 und 20 dürfen nicht geändert oder gestrichen werden.

Die Grundrechte basieren auf den Menschenrechten. Das wichtigste Grundrecht steht in Artikel 1: „Die Würde des Menschen ist unantastbar."

1 Lesen Sie die Texte und diskutieren Sie. Was bedeutet die Würde des Menschen?

8, 18

Artikel 1, Grundgesetz

(1) Die Würde des Menschen ist unantastbar. Sie zu achten und zu schützen ist Verpflichtung aller staatlichen Gewalt.

(2) Das Deutsche Volk bekennt sich darum zu unverletzlichen und unveräußerlichen Menschenrechten als Grundlage jeder menschlichen Gemeinschaft, des Friedens und der Gerechtigkeit in der Welt.

(3) Die nachfolgenden Grundrechte binden Gesetzgebung, vollziehende Gewalt und Rechtsprechung als unmittelbar geltendes Recht.

Allgemeine Erklärung der Menschenrechte der UNO, Artikel 1

Alle Menschen sind frei und gleich an Würde und Rechten geboren. Sie sind mit Vernunft und Geist begabt und sollen einander im Geiste der Brüderlichkeit begegnen.

Artikel 2 (Auszug)

Jeder hat Anspruch auf alle in dieser Erklärung verkündeten Rechte und Freiheiten, ohne irgendeinen Unterschied, etwa nach Rasse, Hautfarbe, Geschlecht, Sprache, Religion, politischer oder sonstiger Anschauung, nationaler und sozialer Herkunft, Vermögen, Geburt oder sonstigem Stand.
[...]

2 Lesen Sie die Sätze aus dem Grundgesetz und ordnen Sie sie den Grundrechten zu.

1, 4, 7, 9, 12, 16, 17, 19

Artikel 3

(1) Alle Menschen sind vor dem Gesetz gleich.
(2) Männer und Frauen sind gleichberechtigt.

Artikel 4

(1) Die Freiheit des Glaubens, des Gewissens und die Freiheit des religiösen und weltanschaulichen Bekenntnisses sind unverletzlich.

Artikel 5

(1) Jeder hat das Recht, seine Meinung in Wort, Schrift und Bild frei zu äußern und zu verbreiten und sich aus allgemein zugänglichen Quellen ungehindert zu unterrichten [...] Eine Zensur findet nicht statt.

Artikel 6

(1) Ehe und Familie stehen unter dem besonderen Schutze der staatlichen Ordnung.

Artikel 11

(1) Alle Deutschen genießen Freizügigkeit im ganzen Bundesgebiet.

Artikel 16 a

(1) Politisch Verfolgte genießen Asylrecht.

1. Gleichberechtigung von Männern und Frauen: *Artikel 3*

2. Glaubens- und Gewissensfreiheit: *Artikel* ______

3. Meinungsfreiheit: *Artikel* ______

4. Asylrecht: *Artikel* ______

5. Schutz der Familie: *Artikel* ______

6. Freiheit der Wahl des Wohn- und Aufenthaltsortes: *Artikel* ______

7. Gleichheit vor dem Gesetz: *Artikel* ______

i

Unter bestimmten Umständen sind Einschränkungen der Grundrechte möglich: Wenn Parteien oder Vereine gegen die Verfassung kämpfen, kann man sie verbieten.
Es gibt zwar Meinungsfreiheit, aber man darf andere Personen nicht beleidigen oder falsche Tatsachen verbreiten.
Die Freizügigkeit gilt zunächst nur für Deutsche. Nach dem Ausländerrecht kann sie z. B. für Asylbewerber eingeschränkt sein. Einschränkungen gibt es manchmal auch für Empfänger von Sozialleistungen.
Das Asylrecht gilt nur für Personen ohne deutschen Pass und nicht für Personen, die z. B. aus EU-Staaten nach Deutschland einreisen.

3 Welche Aussagen passen zu den Grundrechten? Kreuzen Sie an.

51

In Deutschland ...

1. ○ dürfen Gerichte keinen Unterschied zwischen armen und reichen Menschen machen.
2. ○ darf jeder Mensch die Regierung kritisieren.
3. ○ hat jeder das Recht auf den Führerschein.
4. ○ müssen Eltern ihre Kinder nicht in die Schule schicken, wenn sie das Schulsystem schlecht finden.
5. ○ darf man gegen Gesetze demonstrieren.
6. ○ sollen alle Menschen gleich viel Geld haben.
7. ○ muss man sich nicht an ein Gesetz halten, wenn man das Gesetz schlecht findet.

4 Lesen Sie Artikel 2 des Grundgesetzes. Welche Erklärung passt zu welchem Absatz?

6, 8, 10, 11, 15

Artikel 2

(1) Jeder hat das Recht auf die freie Entfaltung seiner Persönlichkeit, soweit er nicht die Rechte anderer verletzt und nicht gegen die verfassungsmäßige Ordnung oder das Sittengesetz verstößt.

(2) Jeder hat das Recht auf Leben und körperliche Unversehrtheit. Die Freiheit der Person ist unverletzlich. In diese Rechte darf nur auf Grund eines Gesetzes eingegriffen werden.

1. Der Staat darf die Menschen nicht körperlich verletzen oder die Todesstrafe einführen. Aber es gibt Regeln für die persönliche Freiheit, die in den Gesetzen stehen.
2. Jeder Mensch kann selbst entscheiden, was er in seinem Leben macht. Der Staat schreibt zum Beispiel nicht vor, welchen Beruf man wählt. Aber man muss die Gesetze beachten und die Rechte von anderen Menschen respektieren.

5 Was ist in Deutschland aufgrund der Grundrechte nicht möglich? Sammeln Sie im Kurs.

10

- Es kann keine Todesstrafe geben.
- Der Staat kann den Menschen keine Religion vorschreiben.
- ...

2 **6a** Artikel 2 des Grundgesetzes garantiert die persönliche Freiheit, aber in dem Artikel steht auch, dass die Rechte anderer nicht verletzt werden dürfen. Was bedeutet das für den Umgang der Menschen miteinander im Alltag? Lesen und hören Sie die Dialoge. Welche Meinung haben Sie?

- Der Staat garantiert die Grundrechte. Sie funktionieren aber nur, wenn sich die Menschen gegenseitig respektieren.
- Was meinen Sie damit?
- Ich selbst zum Beispiel bin in der katholischen Kirche. Ich weiß, dass meine Nachbarn zu keiner Religion gehören...
- Und das akzeptieren Sie?
- Natürlich, jeder hat das Recht, sich zu einem Glauben zu bekennen oder auch nicht.

- Hast du gehört? Der Bürgermeister hat Anzeige erstattet, weil er so viele Hassmails bekommen hat.
- Hassmails? Was ist das?
- Es gibt Leute, die haben ihm dauernd E-Mails mit bösen Beleidigungen geschrieben, weil sie mit seiner Politik nicht einverstanden sind. Einige haben sogar gedroht, sein Haus anzuzünden.
- Und diese Leute hat der Bürgermeister angezeigt?
- Ja, und ich finde das richtig. Beleidigungen und Drohungen haben nichts mehr mit Meinungsfreiheit zu tun.

6b Sammeln Sie zu zweit Beispiele für gegenseitigen Respekt und Toleranz. Stellen Sie die Beispiele im Kurs vor.

7 In welchen Situationen werden Grundrechte verletzt? Diskutieren Sie im Kurs.

1. Die Schülerin Marina S. (19) lebt bei ihren Eltern. Im Sommer will sie mit ihren Freunden zwei Wochen in Spanien Urlaub machen. Die Eltern verbieten das.

2. Harro B. (23) ist ein polizeibekannter Hooligan. Er hat nach einem Fußballspiel einen Polizisten angegriffen. Die Polizei verbietet ihm jetzt, zu einem Länderspiel Deutschland-England nach London zu fahren.

3. Herr und Frau M. wollen nicht, dass ihr Sohn Markus (10) und ihre Tochter Marina (12) die Schule besuchen. Deshalb holt die Polizei die Kinder zu Hause ab, um sie in die Schule zu bringen.

4. Herr F. (35) hat die Religion gewechselt. Aus diesem Grund will ihm sein Arbeitgeber kündigen.

5. Eine Bürgerinitiative für mehr Kita-Plätze plant eine Demonstration vor dem Rathaus. Sie muss diese Demonstration bei der Stadt anmelden.

6. Herr Kästner ist vor kurzem mit seinem Lebenspartner in eine gemeinsame Wohnung gezogen. So ist bekannt geworden, dass er homosexuell ist. Der Vorstand des Sportvereins, in dem Herr Kästner seit drei Jahren aktiv ist, möchte ihn deshalb ausschließen.

7. Eine Firma verbietet ihren Mitarbeitern private Kontakte außerhalb der Arbeitszeit.

8a Vier Personen berichten, was die Grundrechte für sie persönlich bedeuten. Betrachten Sie die Fotos und lesen Sie die Texte. Was glauben Sie, was sagen die Personen?

10

Ich denke, dass für ... das Thema ... wichtig ist.
Vielleicht ist Frau Masur ...
Herr Connor ist Journalist. Vielleicht spricht er über ...
Es kann sein, dass Haile Girmai ...

Ich vermute, dass ...
Wahrscheinlich ...
Möglicherweise ...

1. 

Natalia Masur, geb. am 24.6.1947 in Dresden, aufgewachsen in der DDR, Rentnerin

2. 

Haile Girmai, geb. am 15.8.1987, Lagerarbeiter

3. 

Mareike Schmidt, geb. am 1.5.1999 in München, Mathematikstudentin

4. 

Reinhart Connor, geb. am 11.9.1978 in Winnipeg/Kanada, Journalist

3 **8b** Hören Sie die Personen und überprüfen Sie Ihre Vermutungen.

3 **8c** Diese Aussagen sind falsch. Lesen Sie die Aussagen und hören Sie noch einmal. Was sagen die Personen?

1. Zu DDR-Zeiten konnte Frau Masur frei reisen.
2. Der Regierung der DDR hat sich nicht um die Menschen gekümmert.
3. Sie findet, dass sie heute weniger Freiheiten hat.
4. Herr Girmai ist gegen freie Wahlen.
5. Er kann in Deutschland kein politisches Asyl bekommen.
6. Er hat Angst, dass er in Deutschland wegen seiner politischen Meinung verhaftet wird.
7. Mareike Schmidt musste heiraten.
8. Sie durfte mit 18 Jahren keine eigene Wohnung suchen.
9. Sie durfte nach dem Abitur nicht Mathematik studieren.
10. Herr Connor sagt, dass es in allen Ländern Pressefreiheit gibt.
11. Er braucht in Deutschland für Straßeninterviews eine staatliche Erlaubnis.
12. Wegen eines kritischen Berichts soll er aus Deutschland ausgewiesen werden.

8d Was bedeuten die Grundrechte für Sie? Schreiben Sie drei bis vier Sätze.

Für mich ist es besonders wichtig, dass ich ...

___

___

___

Vier Grundprinzipien

1 Lesen Sie Artikel 20 des Grundgesetzes und ordnen Sie die Erklärungen zu.

20, 26, 27, 34, 38, 43, 52, 61

(1) Die Bundesrepublik Deutschland ist ein demokratischer und sozialer Bundesstaat.

(2) Alle Staatsgewalt geht vom Volke aus. Sie wird vom Volke in Wahlen und Abstimmungen und durch besondere Organe der Gesetzgebung, der vollziehenden Gewalt und der Rechtsprechung ausgeübt.

(3) Die Gesetzgebung ist an die verfassungsmäßige Ordnung, die vollziehende Gewalt und die Rechtsprechung sind an Gesetz und Recht gebunden.

(4) Gegen jeden, der es unternimmt, diese Ordnung zu beseitigen, haben alle Deutschen das Recht zum Widerstand, wenn andere Abhilfe nicht möglich ist.

1. Deutschland ist eine Demokratie: Absatz 1
2. Deutschland ist ein Rechtsstaat: Absatz
3. Man darf die demokratische Grundordnung nicht durch eine andere Staatsform ersetzen: Absatz
4. Gesetze dürfen nicht gegen das Grundgesetz verstoßen: Absatz
5. Die Regierung und alle staatlichen Institutionen basieren auf der Volkssouveränität: Absatz
6. Auch die Polizei und die Justiz müssen sich an die Gesetze halten: Absatz
7. In Deutschland gibt es Bundesländer, die eigene Kompetenzen haben: Absatz
8. Der Staat muss für soziale Gerechtigkeit sorgen: Absatz
9. Wenn die demokratische Ordnung bedroht ist, gibt es ein Widerstandsrecht: Absatz

2 Demokratie und Rechtsstaat. Warum passen die folgenden Situationen nicht dazu? Diskutieren Sie im Kurs.

1. Die Regierungspartei hat Angst, dass sie die nächsten Wahlen verliert. Deshalb verbietet sie alle anderen Parteien.
2. Die Regierung ist mit einem Gerichtsurteil nicht einverstanden. Das Gericht soll sein Urteil ändern.
3. Ein Mann wird von der Polizei gesucht, weil er zu einer Terrorgruppe gehört, aber er ist ins Ausland geflohen. Jetzt will die Polizei seine Ehefrau verhaften, weil sie den Mann nicht finden kann.
4. Eine Partei ist gegen die Regierung. Deshalb darf sie nicht an den nächsten Wahlen teilnehmen.
5. Ein Neffe des Bundespräsidenten hat sich bei einer Firma beworben, aber die Stelle nicht bekommen, weil eine andere Bewerberin besser qualifiziert war. Der Bundespräsident ruft deshalb die Geschäftsführerin der Firma an und sagt ihr, dass sie seinem Neffen die Stelle geben soll.

Bund, Länder und Gemeinden

22, 24, 25, 64

Bundesrepublik Deutschland
Staatsform: Republik (Parlamentarische Bundesrepublik)
Größe: 357.409 km²
Bevölkerungszahl: ca. 82.175.684 Einwohner (Dezember 2015)
Bevölkerungsdichte: 230 Einwohner pro km²

1 **16 Bundesländer bilden den deutschen Bundesstaat. Wie heißen die Länder? Ordnen Sie zu und tragen Sie die Zahlen in die Kästchen ein.**

 ◯ Baden-Württemberg
 ◯ Bayern
 ◯ Berlin
 ◯ Brandenburg
 ◯ Bremen
 ◯ Hamburg
 ◯ Hessen
 ◯ Mecklenburg-Vorpommern
 ◯ Niedersachsen
 ◯ Nordrhein-Westfalen
 ◯ Rheinland-Pfalz
 ◯ Saarland
 ◯ Sachsen
 ◯ Sachsen-Anhalt
 ◯ Schleswig-Holstein
 ◯ Thüringen

2 **In welchem Bundesland wohnen Sie? Sammeln Sie Informationen.**

37

Bundesland: ______
Hauptstadt: ______
Einwohner: ______
Größe: ______ km²
wichtige Städte: ______
Ministerpräsident/in: ______
bekannte Unternehmen: ______
Sehenswürdigkeiten: ______

3a Wer ist zuständig? Was vermuten Sie? Kreuzen Sie an.

	A Bundesregierung	B Landesregierungen
1. Außenpolitik	○	○
2. Bildungspolitik	○	○
3. Kulturpolitik	○	○
4. Verteidigungspolitik	○	○

3b Lesen Sie den Text. Waren Ihre Vermutungen richtig?

39, 49, 67, 68, 77

Berlin ist die Hauptstadt von Deutschland. Hier haben die Bundesregierung und der Bundestag ihren Sitz. Aber auch jedes Bundesland hat eine Hauptstadt, ein eigenes Parlament und eine Landesregierung mit einem Ministerpräsidenten oder einem Bürgermeister.

Die politische Macht ist geteilt. Bei der Außenpolitik sowie bei den Themen Bundeswehr und Verteidigung z. B. entscheidet die Bundesregierung. Auch Änderungen des Grundgesetzes sind Sache des Bundes. Im Grundgesetz ist festgelegt, dass der Staat das Schulwesen beaufsichtigt. Die Schul- und Bildungspolitik ist vor allem Aufgabe der Länder. Auch in der Kulturpolitik sowie im Justiz- und Polizeiwesen entscheiden die Bundesländer oft allein. Bei vielen Bundesgesetzen entscheiden Bund und Länder gemeinsam.

3c Wer entscheidet? Kreuzen Sie an.

	A Bundestag	B Landtag
1. Man will einen Artikel im Grundgesetz ändern.	○	○
2. Man will neue Schulen bauen.	○	○
3. Man will mehr Geld für die Verkehrspolizei ausgeben.	○	○
4. Deutsche Soldaten sollen im Auftrag der UN in ein anderes Land geschickt werden.	○	○

4 Lesen Sie den Text und beantworten Sie die Fragen.

64, 69, 131

Die Kommunen

Die Kommunen, das heißt Städte und Gemeinden, sind in Deutschland die dritte Verwaltungsebene. Sie haben eigene Parlamente, nämlich die Gemeinde- oder Stadträte. Der Bürgermeister ist das Oberhaupt der Stadt oder Gemeinde, das heißt der Chef der Kommunalverwaltung. Die Gemeinden haben für die Bürger viele Angebote, z. B. Stadttheater und Volkshochschulen, Schwimmbäder und Sportanlagen oder Stadtbibliotheken. Zu den kommunalen Aufgaben gehören u. a. die Müllentsorgung und der öffentliche Nahverkehr.

Für die Bürger sind die Behörden vor Ort sehr wichtig. Die meisten Behördengänge kann man am Wohnort erledigen, denn auch viele Bundes- und Landesbehörden haben in den Städten eigene Ämter und die kommunalen Behörden arbeiten im Auftrag des Bundes oder der Länder, z. B. wenn man einen Reisepass oder eine Visumsverlängerung braucht.

1. Wie heißen die Parlamente in den Kommunen?
2. Welche Angebote und Aufgaben haben die Kommunen?
3. Warum kann man die meisten Behördengänge am Wohnort erledigen?

Die Verfassungsorgane

Die Aufgaben von einigen staatlichen Institutionen sind im Grundgesetz beschrieben. Man nennt diese Institutionen Verfassungsorgane. Hier lernen Sie fünf Verfassungsorgane kennen:

- Bundestag
- Bundesrat
- Bundespräsident
- Bundesregierung
- Bundesverfassungsgericht

1a **Lesen Sie die Texte und ergänzen Sie Informationen in der Tabelle.**

44, 48, 58, 71, 84, 86

Der Amtssitz des Bundespräsidenten: Das Schloss Bellevue in Berlin

1. Der Bundespräsident hat keine direkte politische Macht, sondern er repräsentiert den Staat. Er ernennt und entlässt den Bundeskanzler und die Bundesminister, unterschreibt die Gesetze und vertritt die Bundesrepublik Deutschland gegenüber anderen Staaten. Der Bundespräsident ernennt auch die Bundesverfassungsrichter, die von Bundesrat und Bundestag gewählt werden. Er wird nicht direkt vom Volk, sondern alle fünf Jahre von der Bundesversammlung gewählt. In der Bundesversammlung sind die Abgeordneten des Bundestages und Vertreter der Länder. Ein Kandidat für das Amt des Bundespräsidenten kann einmal wiedergewählt werden.

48, 80

Die Verfassungsrichter verkünden ein Urteil.

2. Das Bundesverfassungsgericht ist das höchste deutsche Gericht. Es hat seinen Sitz in Karlsruhe. Es prüft, ob die Gesetze mit dem Grundgesetz übereinstimmen und ob sich der Staat an das Grundgesetz hält. Bundesländer, Bundesregierung und Parteien, aber auch die Bürger können beim Verfassungsgericht klagen, wenn sie ein Grundrecht verletzt sehen. Wenn das Bundesverfassungsgericht urteilt, dass ein Gesetz gegen das Grundgesetz verstößt, kann es nicht in Kraft treten und muss geändert werden.

13, 28, 42, 48, 57, 65, 70, 81, 83, 88, 98, 129

Besucher in der Glaskuppel des Bundestages

3. Der Bundestag wird direkt vom Volk gewählt. Er wählt auf Vorschlag des Bundespräsidenten mit absoluter Mehrheit den Bundeskanzler / die Bundeskanzlerin. Das bedeutet: Mehr als die Hälfte aller Abgeordneten muss für einen Kandidaten stimmen, damit diese Person das Amt bekommt. Außerdem hat der Bundestag noch andere Aufgaben: Er kontrolliert die Regierung – dies ist vor allem die Aufgabe der Opposition –, er diskutiert und beschließt die Bundesgesetze und er muss Verträgen mit dem Ausland zustimmen. Zudem muss der Bundestag dem Bundeshaushalt, das ist der Finanzplan der Regierung, für ein Jahr zustimmen, sonst kann die Bundesregierung keinen Cent ausgeben. Der Bundestagspräsident leitet die Sitzungen des Bundestages. Er ist in der Regel ein Abgeordneter der stärksten Fraktion. Nach dem Bundespräsidenten hat er das zweithöchste Staatsamt.

48, 82

Die Regierungsbank im deutschen Bundestag

4. Bundeskanzler und Bundesminister bilden zusammen die Bundesregierung. Der Bundeskanzler / Die Bundeskanzlerin hat in Deutschland die meiste politische Macht und bestimmt die Richtlinien der Politik der Bundesregierung. Wichtige Ministerien sind das Innen- und das Außenministerium, das Verteidigungsministerium, das Finanzministerium und das Arbeitsministerium.

48, 85, 90, 91

Das Gebäude des Bundesrates in Berlin

5. Im Bundesrat sitzen Vertreter der Landesregierungen. Je nach Größe hat jedes Bundesland drei bis sechs Sitze im Bundesrat. Der Bundesrat vertritt die Interessen der Bundesländer gegenüber dem Bund. Er entscheidet bei vielen Bundesgesetzen mit. Wenn er gegen ein Bundesgesetz ist, bei dem er mitentscheidet (z. B. neue Regeln für die Krankenversicherung), kann das Gesetz nicht in Kraft treten. Bundesrat und Bundestag müssen dann gemeinsam eine neue Lösung suchen. Oft ändert sich nach einer Wahl in einem Bundesland die Mehrheit im Bundesrat. Es ist möglich, dass die Parteien, die im Bundestag die Mehrheit haben, im Bundesrat in der Minderheit sind. Dann wird das Regieren für die Bundesregierung schwieriger.

Bundespräsident	Bundesverfassungsgericht	Bundestag	Bundesregierung	Bundesrat

1b Lesen Sie die Texte noch einmal und beschreiben Sie die Grafik.

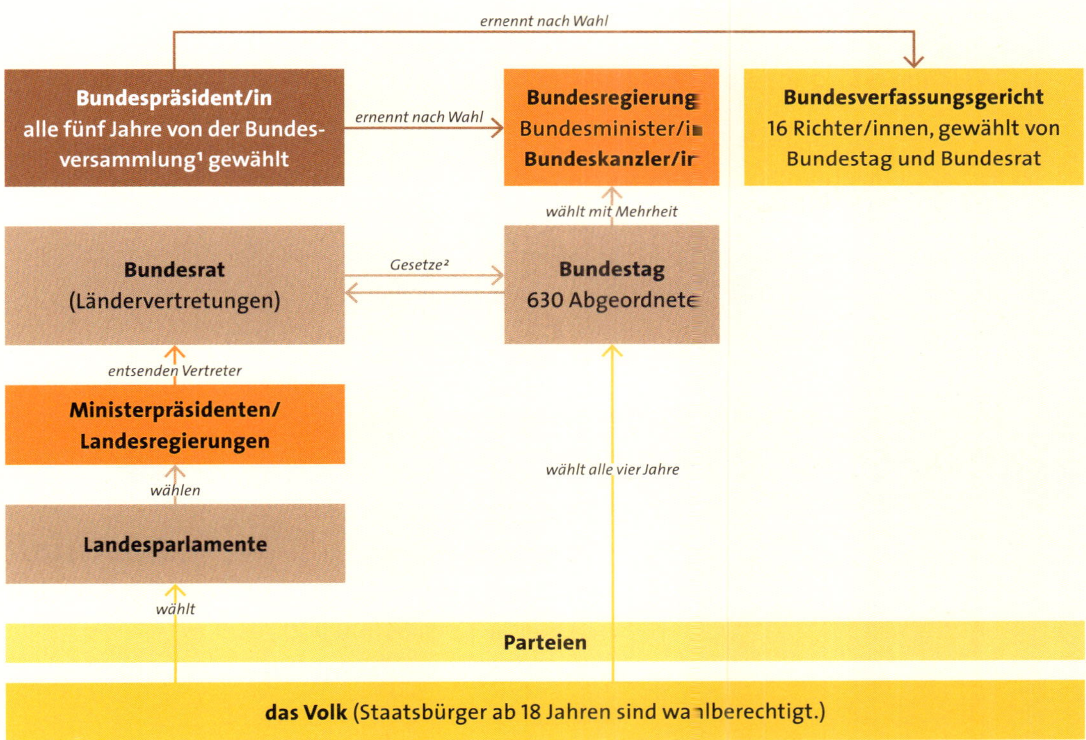

1 = Die Bundesversammlung setzt sich aus Vertretern der Landesparlamente und aus den Bundestagsabgeordneten zusammen.
2 = Gesetze werden vom Bundestag beschlossen und brauchen in der Regel die Zustimmung des Bundesrates. Der Bundespräsident verkündet die Gesetze.

Das Volk wählt die Parlamente.

Der Bundestag wählt den Bundeskanzler oder die Bundeskanzlerin.

Der Bundespräsident …

2 Die Gewaltenteilung. Lesen Sie die Erklärungen und ergänzen Sie.

54, 60, 63, 143–145

ausführende Gewalt – rechtsprechende Gewalt – gesetzgebende Gewalt

1. Legislative (= ________): Die Parlamente und der Bundesrat beschließen Gesetze.
2. Exekutive (= ________): Die Bundesregierung und die Landesregierungen sowie die Verwaltung (Bundes- und Landesbehörden) setzen die Gesetze in die Praxis um.
3. Judikative (= ________): Die Gerichte kontrollieren, dass sich alle an die Gesetze halten.

Legislative	Exekutive	Judikative
Bundestag Bundesrat	Bundesregierung Bundesverwaltung	Bundesverfassungsgericht Bundesgerichtshof Bundesarbeitsgericht Bundesverwaltungsgericht Bundessozialgericht Bundesfinanzhof
Parlamente der Länder	Landesregierungen Landesverwaltungen	Landesverfassungsgerichte alle weiteren Gerichte, z. B.: Oberlandesgerichte Landgerichte Amtsgerichte

3 Welche Erklärungen passen? Kreuzen Sie an.

Gewaltenteilung bedeutet, dass ...

1. in Deutschland die Macht geteilt ist. ○
2. die staatlichen Institutionen voneinander unabhängig sind. ○
3. das Bundesverfassungsgericht gegen die Gesetze ist. ○
4. sich die staatlichen Institutionen gegenseitig kontrollieren. ○
5. die Bundestagsabgeordneten die Regierung immer kritisieren. ○

4 Lesen Sie die Überschriften. Was meinen Sie: Welchen Einfluss haben die Massenmedien auf die Politik und die Menschen in Deutschland?

32

Umfragen zeigen:
Regierungsparteien gewinnen die nächsten Wahlen.

SKANDAL:
Minister kassiert 100.000 Euro von Privatfirma.

Elterninitiativen fordern:
Mehr Geld für Kindergärten und Schulen!

i

Jede Regierung braucht eine Mehrheit im Parlament. Deshalb ist die Trennung zwischen der Exekutive und der Legislative nicht ganz so stark wie zwischen der Exekutive und der Judikative. Wichtig ist vor allem, dass die Gerichte unabhängig sind und die Regierung keine Gerichtsurteile beeinflussen kann. Die Massenmedien (Zeitungen, Fernsehen etc.) werden wegen ihres großen Einflusses oft auch die „vierte Gewalt" im Staat genannt.

Pflichten – Aufgaben – Leistungen

4 **1** Welche Erwartungen haben die Personen an den Staat? Hören Sie zu und notieren Sie.

Frau Sadowska: ____________________

Herr Huschke: ____________________

Frau Binder: ____________________

2a Betrachten Sie die Fotos. Welche Aufgaben hat der Staat? Arbeiten Sie zu zweit. Schreiben Sie Sätze und berichten Sie anschließend im Kurs.

46

Die Gerichte sollen für Gerechtigkeit sorgen.

2b Welche Erwartungen haben Sie an den Staat? Berichten Sie im Kurs.

3a **Der Staat bietet dem Bürger viele Leistungen an. Auf der anderen Seite haben die Bürger Pflichten. Betrachten Sie die Fotos und lesen Sie die Texte.**

95, 96

1. Steuerpflicht: Wenn man arbeitet und Geld verdient, muss man Steuern bezahlen. Mit den Steuereinnahmen finanziert der Staat seine Aufgaben, z. B. den Bau von Straßen und Schulen oder er unterstützt Universitäten, Kultur und Museen.

2. Schulpflicht: Kinder müssen ab dem sechsten Lebensjahr in die Schule gehen. Schulpflicht bedeutet, dass die Kinder während des Unterrichts in der Schule sein müssen (Anwesenheitspflicht). Die Eltern bzw. die Erziehungsberechtigten sind dafür verantwortlich.

3. Fürsorgepflicht: Die Eltern müssen sich um ihre Kinder kümmern. Es ist ihre Aufgabe, die Kinder zu erziehen. Im Grundgesetz heißt es, dass die staatliche Gemeinschaft über die Kindererziehung wacht.

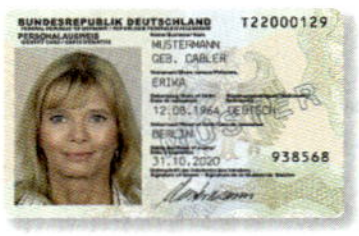

4. Ausweispflicht: Ab dem 16. Lebensjahr muss man einen Ausweis haben.

5. Meldepflicht: Wenn man den Wohnort wechselt, muss man das den Behörden melden.

6. Respektierung der Gesetze: Alle Menschen, die in Deutschland leben, müssen das Grundgesetz akzeptieren und die Gesetze einhalten.

3b **Um welche Pflichten geht es hier? Ergänzen Sie die Sätze mit den Stichwörtern 1–6 aus Aufgabe 3a.**

1. *Schulpflicht*: Herr und Frau Odenthal haben einen sechsjährigen Sohn. Sie müssen ihn in der Grundschule anmelden.
2. ______________: Maria Sobottka ist von Krefeld nach Köln umgezogen. Sie muss sich in Krefeld abmelden und beim Einwohnermeldeamt in Köln anmelden.
3. ______________: Andreas Kerner hat im letzten Jahr 29.000 Euro verdient. Er muss beim Finanzamt seine Steuererklärung abgeben.
4. ______________: Die Eltern haben sich nicht um Florian (vier Jahre) gekümmert. Deshalb hat das Jugendamt das Kind aus der Familie genommen und eine Pflegefamilie gefunden.
5. ______________: Danail Akuzov ist in Bulgarien geboren. Er lebt seit acht Jahren in Deutschland und hat die deutsche Staatsbürgerschaft beantragt. Er muss sich zum Grundgesetz bekennen und die demokratischen Prinzipien in Deutschland akzeptieren.

Staatssymbole

1 Betrachten Sie die Fotos und ordnen Sie zu.

21, 29, 40, 66

A

B

C

D

Oktober

KW	Mo	Di	Mi	Do	Fr	Sa	So
39							1
40	2	TAG DER DEUTSCHEN EINHEIT	4	5	6	7	8
41	9	10	11	12	13	14	15
42	16	17	18	19	20	21	22
43	23	24	25	26	27	28	29
44	30	31					

E

1. Berlin ist die deutsche Hauptstadt. Das Brandenburger Tor steht im Stadtzentrum und gilt als Symbol der deutschen Teilung und Einheit.
2. Der Text der deutschen Nationalhymne wurde 1841 von August Heinrich Hoffmann von Fallersleben geschrieben. Sie beginnt mit den Worten: „Einigkeit und Recht und Freiheit". Die Melodie hat Joseph Haydn 1797 komponiert.
3. Die Flagge der Bundesrepublik hat die Farben Schwarz-Rot-Gold. Die Farben sind seit dem 19. Jahrhundert ein Symbol für die deutsche Einheit.
4. Das offizielle Staatswappen der Bundesrepublik Deutschland ist der Adler. Auch er hat die Farben Schwarz-Rot-Gold. Der Adler befindet sich außerdem auf der Bundesdienstflagge, die u. a. am Eingang von Bundesämtern und Bundesbehörden hängt.
5. Am 3. Oktober 1990 wurden Westdeutschland (Bundesrepublik Deutschland) und Ostdeutschland (DDR) wieder ein Staat. Seitdem ist dieses Datum der Nationalfeiertag.

2 Welches Wappen hat das Bundesland, in dem Sie wohnen?

3 Wann ist der Nationalfeiertag in Ihrem Heimatland? Was macht man an diesem Tag?

Die Parteien

1a Was wissen Sie über diese Parteien? Sammeln Sie Informationen im Kurs.

1b Lesen Sie die Texte und ergänzen Sie die Informationen in der Tabelle.

41, 78

Die *Sozialdemokratische Partei Deutschlands* (SPD) ist die älteste Partei in Deutschland. Sie wurde 1875 gegründet. Ihre Wurzeln hat sie in der Arbeiterbewegung. Auch heute sind die Rechte von Arbeitnehmern und soziale Gerechtigkeit wichtige Themen der SPD. Wichtig ist für die Partei auch, dass alle Menschen gleiche Chancen haben, zum Beispiel in der Ausbildung und im Beruf. Die Partei engagiert sich für ein vereintes Europa. Sie ist in den Landesparlamenten insgesamt stärker als im Bundestag. Die meisten Ministerpräsidenten und Ministerpräsidentinnen in den Bundesländern sind von der SPD.

76, 92

Die *Christlich-Demokratische Union* (CDU) und die *Christlich-Soziale Union* (CSU) sind nach dem Zweiten Weltkrieg entstanden. Die Parteien vertreten konservative Werte und verstehen sich als Parteien für protestantische und katholische Christen. Auch für die CDU/CSU ist soziale Gerechtigkeit wichtig. Die CSU gibt es nur in Bayern, aber im Bundestag arbeiten CDU und CSU zusammen und bilden eine Fraktion. Seit Angela Merkel Vorsitzende der CDU ist, vertritt die CDU, z. B. in der Familienpolitik, weniger konservative Positionen als die CSU. Für die Zuwanderung und die Flüchtlingspolitik fordert die CSU strengere Regeln als die CDU.

79

Die *Freien Demokraten* (FDP) gibt es seit 1948. Von 1949 bis 2013 war die Partei ohne Unterbrechung im Bundestag und über viele Jahre Regierungspartei. Für die FDP sind die Bürgerrechte sehr wichtig. Der Staat soll weniger kontrollieren und reglementieren, die Bürger sollen möglichst viel Freiheit und eigene Verantwortung haben. So ist die FDP gegen eine unkontrollierte Videoüberwachung auf den Straßen und Plätzen. Die Speicherung von Kommunikationsdaten soll nur ausnahmsweise erlaubt werden. Wichtig ist für die FDP eine liberale Wirtschaftspolitik: Firmen und Bürger sollen weniger Steuern zahlen. Außerdem setzt sich die FDP für einen weltweiten Freihandel ein.

103 

Die Partei *Die Grünen* entstand 1980 in Westdeutschland aus Bürgerinitiativen für mehr Umweltschutz und auch aus Protest gegen die Atomenergie. 1990 schloss sie sich mit der Bürgerrechtsbewegung *Bündnis 90* aus Ostdeutschland zusammen. Die Partei *Bündnis 90/Die Grünen* ist für mehr Umweltschutz, z. B. mehr Energie aus Wind und Sonne, und für mehr Verbraucherschutz. Sie fordert z. B., dass ab 2030 nur noch Elektroautos in Deutschland zugelassen werden dürfen. Außerdem setzt sie sich für mehr Rechte von Minderheiten ein. Von 1998 bis 2005 war sie als Koalitionspartner der SPD in der Bundesregierung.

59 

Die Linke entstand 2007 aus der *Linkspartei* (vorher: *PDS*, Partei des demokratischen Sozialismus) und der *WSAG* (Arbeit & soziale Gerechtigkeit – Die Wahlalternative). Die PDS ist aus der SED, der Staatspartei in der früheren DDR entstanden, die WSAG wurde von früheren SPD-Mitgliedern und Gewerkschaftern gegründet. Die Linke ist für einen demokratischen Sozialismus. Unter anderem ist sie für mehr soziale Sicherheit für Menschen ohne Arbeit oder mit niedrigem Einkommen. Sie ist besonders in den ostdeutschen Bundesländern stark, wo sie auch an Landesregierungen beteiligt ist.

Die *Alternative für Deutschland* (AfD) wurde 2013 gegründet. Seit 2014 ist sie im Europaparlament und in mehreren Landtagen. Ihr wichtigstes Thema war am Anfang die Kritik an der gemeinsamen europäischen Währung Euro, später ist die Kritik an der deutschen Flüchtlings- und Migrationspolitik immer wichtiger geworden. Außerdem kritisiert die Partei zahlreiche gesellschaftliche Veränderungen der letzten Jahre, z. B. die staatliche Anerkennung von homosexuellen Partnerschaften, und ist für ein traditionelles Familienbild.

SPD	gegründet 1875	
CDU/CSU	gegründet	
FDP		
Bündnis 90/ Die Grünen		Umweltschutz
Die Linke		
AfD		

2 Bilden Sie sechs Gruppen. Jede Gruppe präsentiert eine der Parteien kurz mündlich.

Die SPD wurde 1875 gegründet. Sie …

3 **Positionen der Parteien. Vergleichen Sie die Meinung der Parteien AfD, FDP und Bündnis 90/ Die Grünen zum Thema Einwanderung. Welche Unterschiede gibt es? Machen Sie Notizen und diskutieren Sie im Kurs.**

AfD

Einwanderung, Integration und Asyl

Deutschland ist aufgrund seiner geografischen Lage, seiner Geschichte, Bevölkerung und dichten Besiedelung kein klassisches Einwanderungsland. Es ist notwendig, zwischen politisch Verfolgten und Kriegsflüchtlingen einerseits und irregulären Migranten andererseits zu unterscheiden. Die AfD setzt sich daher unter anderem für die Umsetzung folgender Maßnahmen ein:

- Keine irreguläre Einwanderung über das Asylrecht
- Konsequente Rückführung – Schluss mit Fehlanreizen und falscher Nachsicht
- Keine direkte Einwanderung in die Sozialsysteme
- Maßvolle, gesetzlich geregelte Einwanderung aus Drittstaaten nach qualitativen Kriterien
- Integration ist mehr als nur Deutsch lernen
- Keine doppelte Staatsangehörigkeit

Bündnis 90/Die Grünen

Wir setzen uns für ein neues Einwanderungsgesetz ein, das mehr Menschen die Möglichkeit gibt einzuwandern, bürokratische Hürden abbaut und Einwanderern in Deutschland ein selbstbestimmtes Leben ermöglicht. Deshalb fordern wir für Einwanderer:

- Schaffung eines zusätzlichen Einwanderungsmodells. Danach könnten Arbeitskräfte auch über ein Punktesystem – punktgenau nach den wirtschaftlichen oder gesellschaftlichen Bedürfnissen – nach Deutschland einwandern.
- Einfachere Visaverfahren und Rückkehrmöglichkeiten nach längeren Auslandsaufenthalten
- Höhere Schutzstandards bei der Asylprüfung
- Einen leichteren Familiennachzug – ohne Sprachtests im Herkunftsland
- Mehr Zugangsmöglichkeiten zu guter Bildung und Sprachkursen
- Leichtere Anerkennung ausländischer Berufs- und Bildungsabschlüsse
- Mehr politische Teilhabemöglichkeiten, etwa über die Zulassung des Kommunalwahlrechts für MigrantInnen
- Mehr Menschen zu ermöglichen, mehrere Staatsangehörigkeiten zu haben

Auf diese Weise wollen wir Einwanderern eine Perspektive und Deutschland eine Zukunft geben.

FDP

Die Freien Demokraten fordern für ein modernes Einwanderungsgesetz:

- Einen vorübergehenden humanitären Schutz für Kriegsflüchtlinge; bei Wegfall der Fluchtgründe muss die Rückkehr in die alte Heimat die Regel sein
- Ein Punktesystem nach kanadischem Vorbild, um Einwanderung nach klaren Kriterien, wie Bildungsgrad, Alter oder Fachkräftebedarf, flexibel steuern zu können
- Die Möglichkeit zur beschleunigten Einbürgerung nach nur vier Jahren
- Die Zulassung der doppelten Staatsbürgerschaft
- Englisch als zusätzliche Verkehrssprache in der öffentlichen Verwaltung
- Eine konkrete und kohärente Anwerbestrategie für ausländische Talente

Interessant ist, dass …

Mir fällt auf, dass …

Anders als die AfD will die FDP …

Wahlen in Deutschland

1 **Lesen Sie den Text und beantworten Sie die Fragen.**

30, 93, 94, 107–111, 114–117, 124–126, 129, 130, 133

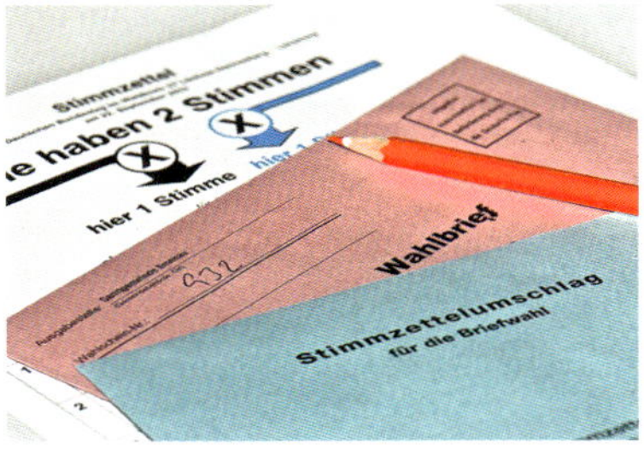

Der Bundestag wird alle vier Jahre gewählt. Das aktive Wahlrecht, also die Wahlberechtigung, haben alle deutschen Staatsbürger ab 18 Jahren. Vor der Wahl bekommt man eine Wahlbenachrichtigung. Am Wahltag geht man in seinem Wohnort ins Wahllokal. Man kann aber auch schon vorher seine Stimme per Briefwahl abgeben. Jeder Wähler hat zwei Stimmen, d. h. man macht auf dem Wahlzettel zwei Kreuze: Mit der ersten Stimme wählt man einen Bundestagskandidaten, also eine Person, mit der zweiten eine Partei. Damit ist das Wahlrecht ein Mehrheits- und Verhältniswahlrecht. Die Zweitstimme ist maßgebend dafür, wie stark eine Partei im Bundestag ist. Eine Partei muss mindestens 5 % der Zweitstimmen bekommen, damit sie in den Bundestag kommen kann. Diese Regel nennt man die 5 %-Hürde.
Die Bundestagswahlen und die anderen Wahlen in Deutschland haben zwei wichtige Funktionen: Sie können zeigen, dass die Mehrheit der Wähler mit der Regierung zufrieden ist. Es ist aber auch möglich, dass es nach einer Wahl einen Regierungswechsel gibt.

1. Wie oft gibt es Bundestagswahlen?
2. Wer darf wählen?
3. Wo sind die Wahllokale?
4. Was ist die 5 %-Hürde?
5. Welche Funktionen haben Wahlen?

2a **Die Wahlrechtsgrundsätze. Lesen Sie den Auszug aus Artikel 38 des Grundgesetzes und ordnen Sie die Erklärungen zu.**

5, 111, 112, 118, 121, 122, 123

Die Abgeordneten des Deutschen Bundestages werden in allgemeiner, unmittelbarer, freier, gleicher und geheimer Wahl gewählt.

unmittelbar – gleich – geheim – frei – allgemein

Man muss niemandem sagen, welche Partei man wählt. Die Wahlen sind ____________.
Alle Wähler und Wählerinnen haben den gleichen Einfluss auf das Wahlergebnis. Die Wahlen sind ____________.
Jede Person, die wählen darf, kann an der Wahl teilnehmen. Die Wahlen sind ____________.
Die Abgeordneten bzw. die Parteien werden von den Wählern und Wählerinnen direkt gewählt. Die Wahlen sind ____________.
Die Wähler und Wählerinnen entscheiden allein, wen sie wählen und ob sie wählen wollen. Man hat das Recht zu wählen, aber es ist keine Pflicht. Die Wahlen sind ____________.

2b **Betrachten Sie die Bilder. Gegen welche Wahlrechtsgrundsätze wird hier verstoßen?**

A

B

C

3 Das Ergebnis der Bundestagswahl vom 24. September 2017 und die Sitzverteilung im Bundestag. Wie groß sind die Fraktionen? Ordnen Sie zu.

31

69 – 153 – 67 – 246 – 80 – 94

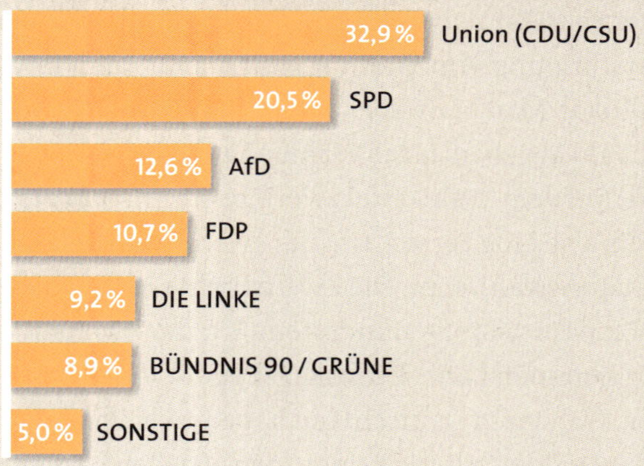

1. FDP	______	SITZE
2. Union (CDU/CSU)	______	SITZE
3. BÜNDNIS 90/DIE GRÜNEN	______	SITZE
4. SPD	______	SITZE
5. DIE LINKE	______	SITZE
6. AfD	______	SITZE
GESAMT	709	SITZE

i Nach der Bundestagswahl vom 24. 9. 2017 bildeten die CDU, die CSU und die SPD eine Koalition für die Regierungsarbeit. Am 14. März 2018 wurde Angela Merkel (CDU) mit 364 Stimmen wieder zur Bundeskanzlerin gewählt.

4 Wahlen in Ländern und Kommunen. Lesen Sie die Texte und ordnen Sie zu.

62

Landtagswahlen

Die Landesparlamente werden alle vier bis fünf Jahre gewählt. Sie wählen den Ministerpräsidenten/die Ministerpräsidentin oder auch die ganze Landesregierung. Wie im Bundestag gibt es in den Landesparlamenten eine Regierung und eine Opposition. Auch bei Landtagswahlen gilt in der Regel die 5 %-Hürde. Wahlberechtigt sind wie bei den Bundestagswahlen alle deutschen Staatsbürger ab 18 Jahren, die in dem Bundesland leben.

126, 131

Kommunalwahlen

Die Stadt- oder Gemeinderäte werden je nach Bundesland alle fünf bis sechs Jahre gewählt. Die Bürgermeister werden in den meisten Bundesländern von den Einwohnern der Stadt oder der Gemeinde direkt gewählt. Bei diesen Wahlen sind auch EU-Bürger wahlberechtigt und in einigen Bundesländern darf man schon ab 16 Jahren wählen.

	A Landtagswahlen	B Kommunalwahlen
1. Auch EU-Bürger dürfen wählen.	O	O
2. 5 %-Hürde	O	O
3. Die Bürgermeister werden direkt gewählt.	O	O
4. Wahlen alle 5–6 Jahre	O	O
5. Wahlen alle 4–5 Jahre	O	O

Projekt: Bürgermeisterwahl

1a Arbeiten Sie in Dreier- oder Vierergruppen.
Bereiten Sie eine Wahlkampagne vor.
Welche Themen sind für den Wahlkampf wichtig?

Schulen – Verkehr – Sportangebote – Kultur – Erwachsenenbildung – Gemeindefinanzen – Angebote für Migranten/Jugendliche/Kinder/Senioren – Müllabfuhr – ...

1b Zu welcher Partei gehört der Kandidat? Geben Sie der Partei einen Namen.

fortschrittlich – liberal – christlich – konservativ – sozialdemokratisch – sozialistisch – grün – links – rechts – in der politischen Mitte – parteilos

2a Lesen Sie die Kandidatenrede. Über welche Themen in 1a spricht der Kandidat?

Liebe Mitbürgerinnen und Mitbürger!

In vier Wochen entscheiden Sie, wer der neue Bürgermeister in Kleinstetten wird. Ich bin der richtige Kandidat für Sie, denn ich kenne die Probleme der Stadt. Es gibt zu viele Verkehrsunfälle. Deshalb möchte ich, dass Autos im ganzen Stadtgebiet nicht mehr als 30 Kilometer pro Stunde fahren, und ich möchte mehr Ampeln aufstellen. Außerdem brauchen wir mehr Angebote für Jugendliche und Ältere. Deshalb will ich mehr Geld für Sportanlagen und Jugendzentren ausgeben und dafür sorgen, dass wir noch ein Seniorenheim in der Stadt haben. Viele Bürger beschweren sich, dass der Müll zu selten abgeholt wird. Ich finde auch, dass der Müll jede Woche und nicht nur alle zwei Wochen abgeholt werden sollte. Wenn ich Bürgermeister bin, will ich mich zu allererst um dieses Problem kümmern. Außerdem ...

2b Bestimmen Sie einen Bürgermeisterkandidaten. Ein Gruppenmitglied stellt den Kandidaten vor. Danach halten die Bürgermeisterkandidaten eine Rede.

Liebe Wählerinnen und Wähler, ... / Liebe Mitbürgerinnen und Mitbürger, ...
Als Bürgermeisterkandidat ist niemand besser geeignet als ...
Unsere Gemeinde steht vor großen Problemen. / Natürlich müssen wir sparen. / Aber wir dürfen nicht weniger für ... ausgeben.
Bist jetzt hat sich noch keiner für die Probleme von ... interessiert. Aber ich ...
Sie haben die Wahl. Machen Sie das Kreuz an der richtigen Stelle!
Herzlichen Dank für Ihre Aufmerksamkeit.

2c Diskutieren Sie mit den Kandidaten.

Welche Meinung haben Sie zu ...?
Sind Sie der Meinung ...?
Was wollen Sie für ... tun?
Wie wollen Sie die Probleme lösen?

Ich finde Ihre Ideen / Ihre Lösungsvorschläge ...
Ich kann Ihnen (nicht) zustimmen.
Ich habe da eine andere Meinung.
Sehr richtig! / Das ist doch falsch!

Soziale Sicherheit

1a Sehen Sie sich die Bilder an. Warum brauchen diese Menschen Unterstützung?

A
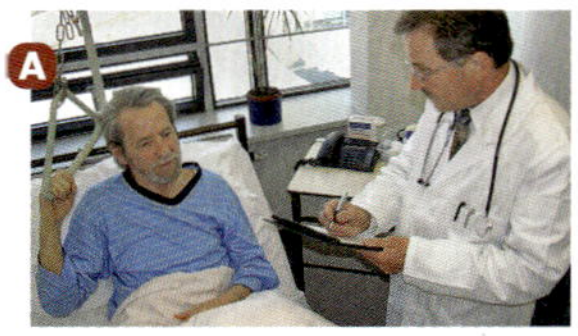
B

C

D

1b Ordnen Sie die Begriffe den Fotos zu.

1. ◯ Pflegeversicherung
2. ◯ Arbeitslosengeld
3. ◯ Rentenversicherung
4. ◯ Krankenversicherung

2 Lesen Sie den Text und beantworten Sie die Fragen.

35, 36, 45, 97, 99, 100

Kranken- und Pflegeversicherung sowie Arbeitslosen- und Rentenversicherung nennt man auch Sozialversicherungen. Sie basieren auf dem Solidarprinzip. Das heißt zum Beispiel für die Krankenversicherung: Menschen, die arbeiten und für sich selbst sorgen können, unterstützen diejenigen, die krank sind.

Wenn man eine feste Arbeit hat, muss man für die Sozialversicherung Beiträge bezahlen. Man nennt sie Sozialabgaben. Bei der Krankenversicherung zahlen die Arbeitnehmer etwas mehr als die Hälfte, bei den anderen Versicherungen bezahlen Arbeitgeber und Arbeitnehmer je 50 %. Außerdem gibt es noch die Unfallversicherung. Diese Versicherung hilft, wenn man auf dem Weg zur Arbeit oder bei der Arbeit einen Unfall hatte. Für die Unfallversicherung bezahlen nur die Arbeitgeber Beiträge.

Wie viel man für die Sozialversicherung bezahlt, hängt vom Verdienst ab. Arbeitnehmer mit niedrigem Einkommen bezahlen also weniger als Arbeitnehmer mit hohem Einkommen. Bei der Krankenversicherung bekommen alle Versicherten die gleichen Leistungen. Kinder und Ehepartner, die nicht arbeiten, sind automatisch mitversichert.

1. Was bedeutet Solidarprinzip?
2. Was sind Sozialabgaben?
3. Wer bezahlt die Beiträge für die Kranken- und die Pflegeversicherung sowie für die Arbeitslosen- und Rentenversicherung?
4. In welcher Versicherung sind auch Ehepartner und Kinder versichert?

3 Weitere Hilfen. Lesen Sie die Sätze und ergänzen Sie.

Arbeitslosengeld II – Kindergeld – Elterngeld – ~~Sozialhilfe~~ – Wohngeld

1. Wenn man wenig verdient, aber eine hohe Miete hat, kann man __________ bekommen.
2. __________ ist für Menschen, die arbeiten können, aber keine Arbeit haben oder für Personen, die zu wenig verdienen, um von ihrem Lohn oder Gehalt zu leben.
3. Für Kinder bekommt man vom Staat __________.
4. Personen ohne eigenes Einkommen, die nicht arbeiten können, erhalten *Sozialhilfe*.
5. __________ bekommt man, wenn ein Elternteil nicht arbeitet, um die Kinder zu betreuen. Man kann es maximal 12 bis 14 Monate bekommen.

Das Sozialsystem soll die Menschen vor Notlagen schützen, aber man bekommt die Sozialleistungen nicht automatisch. Man muss beweisen, dass man Hilfe braucht. Die Behörden bearbeiten die Anträge erst dann, wenn sie von den Antragstellern die notwendigen Informationen und Dokumente bekommen haben.

4 Soziale Sicherheit und Pflichten. Lesen Sie die Texte und kreuzen Sie an. Was ist richtig?

Esther Will

Im letzten Monat war ich eine Woche krank und bin im Bett geblieben. Ich war auch beim Arzt. Er hat mich krankgeschrieben. Die Krankschreibung brauchte ich für meinen Arbeitgeber und die Krankenkasse.

Yvonne Schlüter

Letzte Woche habe ich Kindergeld für unser Baby beantragt. Deshalb bin ich zur Familienkasse gegangen. Obwohl ich mit dem Baby gekommen bin, wollte die Sachbearbeiterin auch die Geburtsurkunde für das Baby sehen.

Tobias Fischer

Vor einer Woche hat mir meine Firma gekündigt. Ich bin noch sechs Wochen in der Firma, aber dann bin ich arbeitslos. Ich habe mich schon jetzt bei der Bundesagentur für Arbeit gemeldet, sonst bekomme ich später weniger Arbeitslosengeld.

Anke Geers

Ich habe Wohngeld beantragt, weil ich jetzt weniger verdiene. Deshalb bin ich zum Wohnungsamt gegangen. Für den Antrag brauchte ich den Mietvertrag und eine Gehaltsabrechnung. Ich musste viele Formulare ausfüllen. Ich hatte auch Fotos von der Wohnung mitgenommen, aber die waren für den Antrag nicht wichtig.

Andreas Wieland

Ich bin schon länger arbeitslos und habe jetzt Arbeitslosengeld II beantragt. Die Behörden wollten alles wissen: Wie viel Geld ich auf dem Konto habe, ob ich ein Auto oder eine Lebensversicherung habe, und viele andere Sachen mehr. Außerdem muss ich immer bereit sein, eine Arbeit anzunehmen.

1. Frau Will ist krank und
   - **A** braucht eine Krankschreibung für den Arbeitgeber. ◯
   - **B** muss im Bett bleiben. ◯
2. Frau Schlüter beantragt Kindergeld und
   - **A** muss das Kind zur Familienkasse mitnehmen. ◯
   - **B** muss die Geburtsurkunde für das Kind zeigen. ◯
3. Herr Fischer will bei der Bundesagentur für Arbeit Arbeitslosengeld beantragen. Er muss
   - **A** sich schon früh bei der Bundesagentur melden. ◯
   - **B** mindestens sechs Wochen arbeitslos sein. ◯
4. Frau Geers hat Wohngeld beantragt und muss
   - **A** den Sachbearbeitern vom Wohnungsamt Fotos von der Wohnung zeigen. ◯
   - **B** auch den Mietvertrag und eine Verdienstbescheinigung abgeben. ◯
5. Herr Wieland hat Arbeitslosengeld II beantragt und
   - **A** darf nicht arbeiten. ◯
   - **B** muss der Behörde Auskunft geben, wie hoch das eigene Vermögen ist. ◯

i

In den letzten Jahrzehnten wurden in Deutschland weniger Kinder als früher geboren, gleichzeitig steigt die Lebenserwartung. Für die Sozialversicherungen bedeutet das: Weniger Menschen arbeiten, mehr Menschen bekommen Rente, die Kosten für Krankheit und Pflege steigen. Die Leistungen der Sozialversicherung sinken. So steigt zum Beispiel das Rentenalter in den nächsten Jahren von 65 auf 67 Jahre an.
Außerdem sichert das Sozialversicherungssystem nicht alle Risiken des Lebens ab. Deshalb ist auch private Vorsorge wichtig, zum Beispiel durch freiwillige Versicherungen.

5 Soziale Sicherheit und private Vorsorge. Ordnen Sie die Sätze den Fotos zu.

100

A ☐

B ☐

C ☐

D ☐

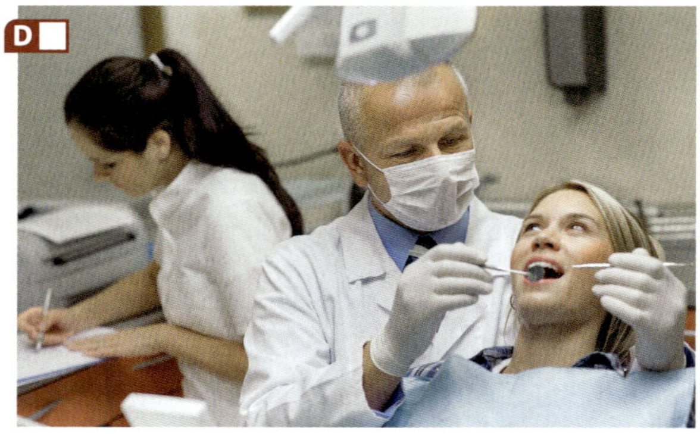

1. Die Krankenversicherung bezahlt nicht alles. Vor allem Zahnbehandlungen können sehr teuer sein. Dafür gibt es Zusatzversicherungen.
2. Die Rentenversicherung ist keine Garantie, dass Arbeitnehmer keine Geldsorgen haben, wenn sie nicht mehr arbeiten. Deshalb haben viele Personen weitere freiwillige Versicherungen oder Sparpläne für das Alter, die vom Staat gefördert werden.
3. Familien haben oft eine Risiko-Lebensversicherung. Dann ist das Risiko für finanzielle Probleme geringer, wenn ein Ehepartner stirbt.
4. So etwas passiert oft: Die Kinder spielen auf dem Hof Fußball, der Ball fliegt in das Fenster eines Nachbarn. Dann kann eine Haftpflichtversicherung helfen. Das heißt, die Eltern bezahlen den Schaden nicht selbst, sondern die Versicherung macht das.

6 Soziale Sicherheit in Ihrem Heimatland. Berichten Sie im Kurs.

- Wie wichtig sind Versicherungen?
- Welche Versicherungen gibt es?
- Wer hilft bei Problemen?
- Welche Rolle spielt die Familie?

Bei uns gibt es auch Krankenversicherungen, aber sie sind sehr teuer.

Meine Eltern sind alt und können nicht mehr arbeiten. Ich schicke ihnen jeden Monat Geld.

Nur wenige Menschen haben eine Versicherung.

Am Wohnort

Bundesagentur für Arbeit

Berufsinformationszentrum

Einwohnermeldeamt

Suchtberatung

Ordnungsamt

Jugendamt

Standesamt

1 Wohin müssen die Leute gehen? Ergänzen Sie die Sätze mit den Begriffen von oben.

56, 241, 253, 255, 256, 258, 259, 265, 273

1. Frau Seeman macht sich Sorgen, weil ihr Mann sehr viel Alkohol trinkt. Sie geht zur ____________________.
2. Leonie (13 Jahre) geht seit einigen Wochen nicht mehr in die Schule. Ihre Eltern suchen beim ____________________ Hilfe.
3. Herr Popescu möchte eine Gaststätte eröffnen. Er geht zum ____________________ seiner Gemeinde, weil er eine Gaststättenerlaubnis braucht.
4. Familie Lauterbach ist umgezogen. Frau Lauterbach geht zum ____________________, um die Familie unter der neuen Adresse anzumelden.
5. Sybille (16 Jahre) ist bald mit der Schule fertig. Sie geht zum ____________________ (BIZ) bei der Bundesagentur für Arbeit. Dort findet sie Hilfe bei der Lehrstellensuche.
6. Marius Plank hat einige Jahre im Ausland gearbeitet. Seit einer Woche ist er wieder in Deutschland. Er hat einen Termin bei der ____________________, denn er will schnell eine Arbeit finden.
7. Susanne und Felix wollen heiraten. Sie haben einen Termin beim ____________________, weil sie wissen möchten, welche Unterlagen sie für die Heirat brauchen.

2 Projekt: Welche Angebote hat Ihr Wohn- oder Kursort für die Bürger? Sammeln Sie im Kurs.

Öffentlichkeit in der Demokratie

1a **Worüber sprechen die Personen? Ordnen Sie die Aussagen den Abbildungen zu.**

14

A ☐

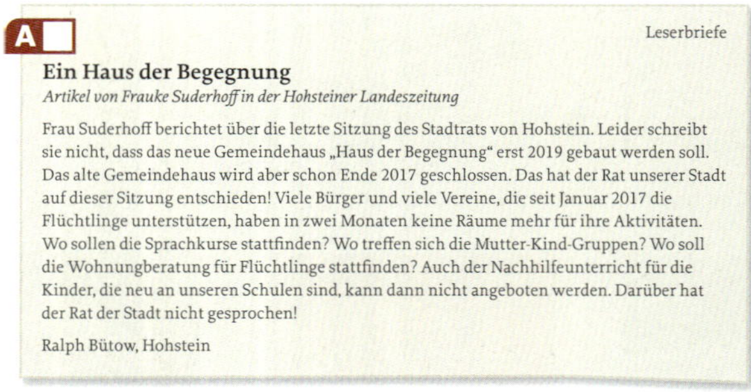
Leserbriefe

Ein Haus der Begegnung
Artikel von Frauke Suderhoff in der Hohsteiner Landeszeitung

Frau Suderhoff berichtet über die letzte Sitzung des Stadtrats von Hohstein. Leider schreibt sie nicht, dass das neue Gemeindehaus „Haus der Begegnung" erst 2019 gebaut werden soll. Das alte Gemeindehaus wird aber schon Ende 2017 geschlossen. Das hat der Rat unserer Stadt auf dieser Sitzung entschieden! Viele Bürger und viele Vereine, die seit Januar 2017 die Flüchtlinge unterstützen, haben in zwei Monaten keine Räume mehr für ihre Aktivitäten. Wo sollen die Sprachkurse stattfinden? Wo treffen sich die Mutter-Kind-Gruppen? Wo soll die Wohnungberatung für Flüchtlinge stattfinden? Auch der Nachhilfeunterricht für die Kinder, die neu an unseren Schulen sind, kann dann nicht angeboten werden. Darüber hat der Rat der Stadt nicht gesprochen!

Ralph Bütow, Hohstein

B ☐

C ☐

D ☐

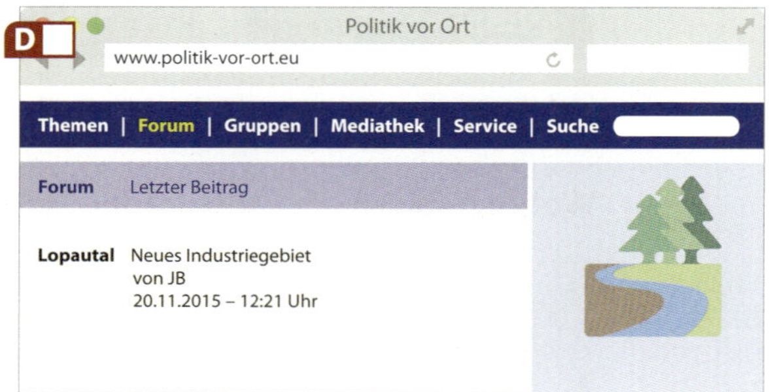

1. Es ist wichtig, dass es unabhängige Organisationen wie Amnesty International und Greenpeace gibt. Amnesty International engagiert sich für die Menschenrechte in der ganzen Welt, Greenpeace weist auf Umweltprobleme hin. So werden oft Ereignisse öffentlich, über die man sonst nichts oder nur wenig erfährt.
2. Ich finde die Nachrichtensendungen im Fernsehen und Radio sehr wichtig. Dort bekomme ich nicht nur Informationen über aktuelle Ereignisse, sondern auch Hintergrundinformationen. So kann ich vieles besser verstehen und mir selbst ein Urteil bilden.
3. Ich lese regelmäßig die Tageszeitung. Neben aktuellen Berichten gibt es auch Kommentare und längere Reportagen. Ich finde es gut, dass der Staat auf die Zeitungen keinen Einfluss hat. So gibt es viele verschiedene Meinungen. Manchmal schreibe ich auch einen Leserbrief, um meine eigene Meinung zu einem Thema zu sagen.
4. Im Internet gibt es viele Informationsmöglichkeiten. Ich finde es sehr gut, dass man bei Internetzeitungen Kommentare zu Artikeln schreiben und dass man in Internetforen diskutieren und Meinungen und Erfahrungen austauschen kann.

1b **Lesen Sie die Texte noch einmal. Wo steht was?**

1. ◯ Man kann Leserbriefe an Tageszeitungen schreiben.
2. ◯ In den Medien findet man auch Hintergrundinformationen.
3. ◯ Das Internet bietet Möglichkeiten für Diskussionen.
4. ◯ Es ist wichtig, dass es Organisationen gibt, die Probleme öffentlich machen.

2 **Warum ist eine kritische Öffentlichkeit für eine Demokratie wichtig? Diskutieren Sie im Kurs.**

Man muss die Möglichkeit haben, sich eine eigene Meinung zu bilden.

Es ist wichtig, dass die Bürger am öffentlichen Leben teilnehmen.

Interessensverbände

1a Lesen Sie die Texte und ordnen Sie zu.

101, 135, 286

A ☐ DMB mieterbund.de

B ☐ IGM

C ☐ verbraucherzentrale Bundesverband

1. Wir engagieren uns für den Schutz der Mieter und für bezahlbare Mieten. Eine andere wichtige Aufgabe ist die Information der Öffentlichkeit über Miet- und Wohnungsrecht. Bei Fragen zum Mietvertrag, zur Miete oder den Nebenkosten und bei Problemen mit dem Vermieter bieten wir Beratung und Hilfe an.

2. Wir vertreten die Interessen der Verbraucher gegenüber Politik, Wirtschaft und Öffentlichkeit. Wir sind die Stimme der Verbraucher.
   - Wir tragen die Anliegen der Verbraucher in die Öffentlichkeit und fordern die Politik auf, einen fairen und transparenten Markt zu schaffen.
   - Wir weisen auf Missstände hin und setzen Verbraucherrechte notfalls vor Gericht durch.
   - Wir schaffen die Grundlagen für eine seriöse und unabhängige Verbraucherberatung.

3. Wir vertreten die Interessen der Arbeitnehmer gegenüber den Unternehmen. Wir verhandeln mit den Arbeitgebern über Tarifverträge, also über Lohn und Gehalt, Arbeitszeiten und Urlaub. Wir engagieren uns für eine gerechte Gesellschaft in der Arbeits- und Lebenswelt. Wir unterstützen Beschäftigte bei Problemen im Betrieb. Bei Arbeitskämpfen organisieren wir Streiks und zahlen Streikgeld an unsere Mitglieder.

1b Welche Gruppen vertreten die Verbände? Was sind ihre Ziele? Wie arbeiten sie? Lesen Sie die Texte noch einmal und machen Sie Notizen.

Gewerkschaften	Mieterbund	Verbraucherzentrale Bundesverband
vertreten Arbeitnehmer	*vertritt*	*vertritt*
Tarifverhandlungen,		

2 Hatten Sie selbst schon einmal Kontakt zu einem der Verbände?

Ich war einmal beim Mieterbund, weil ich die Abrechnung für die Nebenkosten nicht verstanden habe.

Ich bin Mitglied der IG Metall, denn ich habe früher in einer Elektrofabrik gearbeitet.

3 Wie wichtig sind die Interessensverbände für die Gesellschaft? Diskutieren Sie im Kurs.

Engagement für die Gemeinschaft

1 Elternbeirat

2 ehrenamtlicher Fußballtrainer

3 Diskussion im Bürgerverein

4 Übung der freiwilligen Feuerwehr

5 Lebensmittelverkauf der Tafel

6 Hilfe für Flüchtlinge im Flüchtlingsheim Unterrode

7 Vertreter des Ausländerbeirats der Stadt Unterrode

5 **1a** **Sehen Sie die Fotos an und hören Sie die Interviews. Wo engagieren sich die Personen?**

5 **1b** **Hören Sie noch einmal. Was ist richtig? Kreuzen Sie an.**

132

1. ◯ Herr Sgroi bekommt für seine Arbeit kein Geld.
2. ◯ Der Elternbeirat entscheidet über die Themen im Unterricht.
3. ◯ Die Mitglieder der Freiwilligen Feuerwehr haben auch privat Kontakt.
4. ◯ Herr Idler hat sich bei der Tafel engagiert, weil er eine sinnvolle Aufgabe suchte.

5 **1c** **Hören Sie die Texte noch einmal oder lesen Sie sie im Anhang nach. Was sagen die Personen? Berichten Sie.**

Herr Sgroi sagt ...

Er findet es gut, wenn ...

2a **Lesen Sie die Texte. Welche Überschriften passen zu den Texten?**

Der Bürgerverein informiert

Der Ausländerbeirat informiert

Unser Programm für den Ausländerbeirat – Internationale Liste

Probleme im Stadtteil

134

1 Bürgerverein Hohenhorst

http://www.buergerverein-hohenhorst.de/

Start | **Geschichte** | **Veranstaltungen** | **Behörden** | **Gemeinderat** | **Bürgermeister** | **Service**

Start

Liebe Mitbürger,

auf diesen Seiten informiert der Bürgerverein Hohenhorst über die Aktivitäten in unserem Stadtteil. Es ist unser Ziel, unser Wohn- und Lebensumgebung aktiv und für die Bewohner angenehm zu gestalten. Außerdem vertreten wir Ihre Interessen gegenüber den städtischen Behörden, dem Gemeinderat und dem Bürgermeister. Sie wollen unsere Arbeit kennenlernen?
Dann besuchen Sie unsere Veranstaltungen und werden Sie Mitglied!

2

Wir in Unterrode – Internationale Liste

Am 27. März sind die Wahlen zum Ausländerbeirat.
Geben Sie den Mitgliedern der internationalen Liste Ihre Stimme!

Wir stehen für:

- Kommunalwahlrecht für alle MigrantInnen
- Ein tolerantes Miteinander der verschiedenen Gruppen von MigrantInnen
- Bessere Lebensbedingungen für Flüchtlinge
- Integration ohne Assimilation
- Kontaktmöglichkeiten für alle BürgerInnen der Stadt, damit Vorurteile abgebaut werden und sich Einheimische und MigrantInnengruppen gegenseitig akzeptieren
- Gleichberechtigte Chancen am Arbeitsmarkt

2b Bilden Sie Vierergruppen. Je zwei Personen lesen einen Text und machen Notizen. Klappen Sie dann das Buch zu und berichten Sie Ihren Lernpartnern.

Die Internationale Liste fordert ...

Der Bürgerverein informiert über ...

3 Welche Möglichkeiten für Mitbestimmung und ehrenamtliches Engagement gibt es an Ihrem Wohn- oder Kursort? Sammeln Sie Institutionen mit Adressen und machen Sie ein Plakat.

Institutionen für Mitbestimmung und ehrenamtliches Engagement

Name	Adresse	Tel. Kontakt
Tafel Unterrode	Liebigstraße 5	4939-1627
Bürgerverein Mühlbach	Hummelweg 7	36977-5731

Wissen im Überblick

Die deutsche Verfassung heißt **Grundgesetz.**

Es beschreibt unter anderem
- die Grundrechte,
- die Staatsprinzipien,
- die Organisation des deutschen Staates. Dazu gehören zum Beispiel:
  - die Aufgaben der Verfassungsorgane,
  - die Aufgaben und Kompetenzen der Länder,
  - das Wahlrecht.

Wichtige **Grundrechte**:
- Gleichberechtigung von Männern und Frauen
- Glaubens- und Gewissensfreiheit
- Meinungsfreiheit
- Gleichheit vor dem Gesetz
- Schutz der Familie
- Freiheit bei der Wahl des Wohn- und Aufenthaltsortes
- Asylrecht

Die Verfassungsorgane

Der Bundestag:
- Er wählt den Bundeskanzler / die Bundeskanzlerin.
- Er verabschiedet die Gesetze.
- Er kontrolliert die Regierung.

Die Bundesregierung:
- Zu ihr gehören der Bundeskanzler / die Bundeskanzlerin und die Bundesminister.
- Die Bundesregierung regiert das Land.

Der Bundesrat:
- Die Landesregierungen schicken drei bis sechs Vertreter in den Bundesrat (sehr kleine Länder wie z. B. Bremen drei, sehr große Länder wie z. B. Bayern sechs). Der Bundesrat vertritt die Interessen der Länder und entscheidet über die Bundesgesetze mit.

Das Bundesverfassungsgericht:
- Es prüft, ob die Gesetze mit dem Grundgesetz übereinstimmen und ob sich der Staat an das Grundgesetz hält.

Der Bundespräsident:
- Er ist das deutsche Staatsoberhaupt. Er repräsentiert den Staat nach außen, unterschreibt die Gesetze und ernennt und entlässt den Bundeskanzler / die Bundeskanzlerin und die Bundesminister.

Das Bundesverfassungsgericht hat seinen Sitz in Karlsruhe. Alle anderen Verfassungsorgane haben ihren Sitz in Berlin.

Wahlen für die deutschen Parlamente

Bundestagswahlen:
- alle vier Jahre
- wahlberechtigt sind alle deutschen Staatsbürger ab 18 Jahren.

Landtagswahlen:
- je nach Bundesland alle vier bis fünf Jahre

Kommunalwahlen:
- je nach Bundesland alle vier bis sechs Jahre Wahl von Gemeinderäten
- In den meisten Bundesländern werden die Bürgermeister direkt von den Einwohnern des Ortes gewählt.
- In einigen Bundesländern ist man schon ab 16 Jahren wahlberechtigt. Bei den Kommunalwahlen sind auch Bürger aus den anderen EU-Staaten wahlberechtigt.

Wahlrechtsgrundsätze

Die Wahlen in Deutschland sind
- unmittelbar
- gleich
- geheim
- frei
- allgemein

Die 16 Bundesländer

	Hauptstadt	Fläche in km²	Einwohner (Angaben in Tsd.)
Baden-Württemberg	Stuttgart	35.751	10.879,62
Bayern	München	70.550	12.843,51
Berlin		892	3.520,03
Brandenburg	Potsdam	29.564	2.484,82
Bremen		419	671,49
Hamburg		755	1.781,41
Hessen	Wiesbaden	21.115	6.176,17
Mecklenburg-Vorpommern	Schwerin	23.214	1.612,36
Niedersachsen	Hannover	47.615	7.926,60
Nordrhein-Westfalen	Düsseldorf	34.110	17.865,52
Rheinland-Pfalz	Mainz	19.584	4.052,80
Saarland	Saarbrücken	2.569	995,60
Sachsen	Dresden	18.420	4.084,85
Sachsen-Anhalt	Magdeburg	20.452	2.245,47
Schleswig-Holstein	Kiel	15.802	2.858,71
Thüringen	Erfurt	16.202	2.170,71

© Statistische Ämter des Bundes und der Länder, 17.01.2017. Stand: 31.12.2015

Wichtige deutsche Parteien

- Christlich-Demokratische Union (CDU)
- Christlich-Soziale Union (CSU)
- Sozialdemokratische Partei Deutschlands (SPD)
- Die Grünen
- Die Linke
- Alternative für Deutschland (AfD)

Die Sozialversicherungen für Arbeitnehmer

- Krankenversicherung (die Arbeitnehmer zahlen etwas mehr als die Arbeitgeber)
- Pflegeversicherung (Arbeitnehmer und Arbeitgeber zahlen je 50 %)
- Rentenversicherung (Arbeitnehmer und Arbeitgeber zahlen je 50 %)
- Arbeitslosenversicherung (Arbeitnehmer und Arbeitgeber zahlen je 50 %)
- Unfallversicherung (nur die Arbeitgeber bezahlen)

Staatliche Leistungen, die durch Steuern finanziert werden

- Kindergeld
- Elterngeld
- Wohngeld
- Arbeitslosengeld II
- Sozialhilfe

Modul 1: Abschlussquiz

Kreuzen Sie an.

1 Deutschland hat ... Bundesländer.
A ⊘ 16 B O 12 C O 11 D O 9

2 Was haben die Bundesländer nicht?
A O eigene Parlamente
B ⊘ eigenes Militär
C O eigene Polizei
D O eigene Hauptstädte

3 Wenn Eltern Probleme mit der Kindererziehung haben, bekommen sie Hilfe beim ...
A ⊘ Jugendamt.
B O Ordnungsamt.
C O Standesamt.
D O Finanzamt.

4 Das Bundesverfassungsgericht hat seinen Sitz in ...
A O Berlin.
B O Frankfurt.
C O Bonn.
D ⊘ Karlsruhe.

5 Der Bundeskanzler wird ... gewählt.
A O von der Bundesversammlung
B O vom Volk
C ⊘ vom Bundestag
D O vom Bundesrat

6 Im Bundesrat sitzen ...
A O einige Abgeordnete des Bundestages.
B O einige Abgeordnete aus den Länderparlamenten.
C O Vertreter der Bundesregierung.
D ⊘ Vertreter der Landesregierungen.

7 Das deutsche Wappentier ist ein ...
A O Löwe.
B O Bär.
C ⊘ Adler.
D O Pferd.

8 Die CSU gibt es nur in ...
A O Baden-Württemberg.
B ⊘ Bayern.
C O Schleswig-Holstein.
D O Brandenburg.

9 Wenn man eine feste Arbeitsstelle hat, muss man ... bezahlen.

A O Kindergeld
B O Sozialhilfe
C Ø Sozialabgaben
D O Elterngeld

10 Die Arbeitslosenversicherung wird ... bezahlt.

A O nur von den Arbeitgebern
B O nur von den Arbeitnehmern
C Ø von Arbeitgebern und Arbeitnehmern gemeinsam
D O vom Staat

11 In den Parlamenten arbeiten die Abgeordneten einer Partei in ... zusammen.

A Ø einer Fraktion
B O einer Koalition
C O einer Organisation
D O einer Bürgerinitiative

12 Stadträte oder Gemeinderäte ...

A O gibt es nur in großen Städten.
B Ø können auch von Bürgern aus anderen EU-Staaten gewählt werden.
C O dürfen nur Deutsche wählen.
D O dürfen alle Bürger wählen, die in der Stadt oder der Gemeinde wohnen.

13 Ehrenamtliches Engagement bedeutet, dass ...

A O man Geld für seine Arbeit bekommt.
B O die Schulen den Kindern bei den Hausaufgaben helfen.
C Ø man freiwillig anderen Menschen hilft, ohne Geld dafür zu bekommen.
D O man anderen Menschen Geld gibt.

14 Der jetzige Bundeskanzler / Die jetzige Bundeskanzlerin heißt:

Olaf Scholz

15 Der jetzige Bundespräsident / Die jetzige Bundespräsidentin heißt:

Frank-Walter Steinmeier

16 Die Hauptstadt des Bundeslandes, in dem ich wohne, heißt:

Dresden

Modul 2

Geschichte und Verantwortung

Gestern und heute

1 Veränderungen. Beschreiben Sie die Bilder.

Der Potsdamer Platz in Berlin im Jahr 1930

Der Potsdamer Platz im Jahr 1975

Der Potsdamer Platz heute

2a Woran denken Sie bei dem Wort Geschichte? Kreuzen Sie an und diskutieren Sie im Kurs.

1. ☐ Geschichte war ein Schulfach. Wir haben viele Zahlen gelernt.
2. ☐ Bei Geschichte denke ich immer an Könige, Kriege und Eroberungen.
3. ☐ Geschichte – das sind Geschichten: die Geschichte meiner Familie, meiner Stadt, meines Landes ...

2b Welchen Aussagen stimmen Sie zu? Kreuzen Sie an.

1. ☐ Man kann aus der Geschichte lernen.
2. ☐ Die Geschichte kann helfen, die Gegenwart zu verstehen.
3. ☐ Nur die Gegenwart und die Zukunft sind wichtig.

3 Was haben Sie in der Schule über Ihr Land in der Zeit von 1900 bis 1945 gelernt? Was wissen Sie außerdem über diese Zeit in Deutschland?

Der Nationalsozialismus und seine Folgen

1 Ordnen Sie die Sätze den Fotos zu.

152–164, 170, 179

30.1 Diktatur

1. 1933: Adolf Hitler wird Reichskanzler. Alle Parteien werden verboten, nur noch die NSDAP ist erlaubt. Es gibt keine freien Wahlen mehr, Deutschland wird Diktatur.
2. 1938: Reichspogromnacht am 9. November. Die Nationalsozialisten zerstören jüdische Synagogen und Geschäfte.
3. 1. September 1939: Mit dem Überfall auf Polen beginnt der Zweite Weltkrieg.
4. Der Holocaust. Die Nationalsozialisten verfolgen und vernichten Juden in Konzentrationslagern wie z. B. in Auschwitz. Opfer des staatlichen Rassismus in der NS-Zeit werden u. a. auch Sinti und Roma.
5. Widerstand im Dritten Reich. Die Studentengruppe *Die Weiße Rose* um die Geschwister Scholl verteilt 1942 und 1943 an der Münchener Universität Flugblätter gegen die Nationalsozialisten.
6. Am 20. Juli 1944 scheitert ein Attentat auf Hitler durch Claus Schenk Graf von Stauffenberg.
7. 1945: Der Zweite Weltkrieg geht in Europa mit der bedingungslosen Kapitulation Deutschlands am 8. Mai zu Ende. Damit endet auch die Herrschaft der Nationalsozialisten.

2 Ergänzen Sie die Lücken.

Diktatur – Widerstand – Holocaust – NSDAP – Rassismus – Auschwitz

1. Damit meint man, dass nur eine Partei oder eine Person herrscht: Diktatur.
2. Diese Partei ist die einzige Partei, die in Deutschland von 1933 bis 1945 erlaubt war: NSDAP.
3. Damit meint man die Verfolgung und Ermordung der Juden in den Konzentrationslagern: Holocaust.
4. Dieses Konzentrationslager war das größte und ist heute das bekannteste: Auschwitz.
5. Hass gegenüber Minderheiten nennt man auch: Rassismus.
6. Damit meint man einzelne Personen oder Gruppen, die gegen Hitler gekämpft haben: Widerstand.

3a Lesen Sie die Texte. Welche Überschrift passt zu welchem Abschnitt?

Hitlers Weg zur Macht – Der deutsche Widerstand –
Rassenpolitik und Judenverfolgung – Der Zweite Weltkrieg

156, 170 **1.** ____________________

Nach dem Ende des Ersten Weltkriegs (1914 bis 1918) wurde Deutschland eine präsidiale Demokratie. Den Ersten Weltkrieg hatte Deutschland verloren und viele Deutsche haben den neuen Staat und die Demokratie – die Weimarer Republik – abgelehnt. 1929 begann die Weltwirtschaftskrise, Millionen Deutsche wurden arbeitslos. Das machte es der NSDAP leicht, bei Wahlen erfolgreich zu sein. Hitler versprach unter anderem, Deutschland nach dem verlorenen Ersten Weltkrieg wieder stark zu machen und die Arbeitslosigkeit zu beseitigen. Am 30. Januar 1933 wurde Adolf Hitler Reichskanzler. Schnell verbot die NSDAP alle anderen Parteien und verfolgte ihre politischen Gegner. Sie kontrollierte die Zeitungen und verbot die Gewerkschaften. Alle wichtigen Stellen in den Behörden, Schulen und anderen Institutionen übernahmen Mitglieder der NSDAP. Die Nazis, so nannte man die Mitglieder der NSDAP, beherrschten Deutschland.

2. ____________________

Der Antisemitismus gehörte von Anfang an zum Kern der nationalsozialistischen Ideologie. Schon bald nach der Machtübernahme organisierte die SA, eine Organisation in der NSDAP, einen Boykott jüdischer Geschäfte. Mit den Nürnberger Rassengesetzen von 1935 wurde genau festgelegt, wer ein Jude ist und keine politischen Rechte mehr hat. Ehen zwischen Juden und Nicht-Juden wurden verboten. In der Reichspogromnacht vom 9. zum 10. November 1938 wurden jüdische Wohnungen, Geschäfte und Synagogen zerstört. Juden wurden ermordet und verhaftet. 1941 begann in den Konzentrationslagern der Holocaust. Neben den Juden wurden auch andere Gruppen Opfer der nationalsozialistische Ideologie (z. B. Homosexuelle, Sinti und Roma, Zeugen Jehovas). Schon vor diesen Verbrechen hatten die Nationalsozialisten 1939 angefangen, psychisch Kranke und Behinderte systematisch zu ermorden.

153, 154, 160, 163, 164, 179 **3.** ____________________

Der Krieg begann am 1. September 1939 mit dem Überfall auf Polen. Schnell hatten die deutschen Truppen zahlreiche Länder in Europa besetzt. Der Versuch, die Sowjetunion zu erobern (ab 22. Juni 1941), gelang aber nicht. Die Sowjetunion leitete eine Gegenoffensive ein. Ab 1941 kämpften auch die USA gegen Deutschland. Am 6. Juni 1944 landeten britische und amerikanische Truppen in der Normandie (D-Day). Sie rückten von Westen nach Deutschland vor, von Osten kamen die sowjetischen Truppen. Am 30. April 1945 beging Hitler Selbstmord. Deutschland erklärte am 8. Mai 1945 die bedingungslose Kapitulation.

162 **4.** ____________________

Der deutsche Widerstand

Sozialdemokraten und Kommunisten, aber auch Kirchenvertreter und Militäroffiziere kämpften gegen die Nationalsozialisten. Am 20. Juli 1944 scheiterte das Attentat von Claus Schenk Graf von Stauffenberg auf Hitler. Die Münchner Widerstandsgruppe *Die Weiße Rose* um die Geschwister Hans und Sophie Scholl verteilte 1942 und 1943 Flugblätter gegen die Nationalsozialisten. Am 18. Februar 1943 wurden sie verhaftet und am 22. Februar 1943 hingerichtet.

3b Lesen Sie die Texte noch einmal und kreuzen Sie an: richtig oder falsch?

		R	F
1.	Adolf Hitler wurde 1929 Reichskanzler.	☐	☐
2.	Die NSDAP hat sehr schnell alle wichtigen Institutionen in Deutschland kontrolliert.	☐	☐
3.	Der Antisemitismus begann 1935.	☐	☐
4.	Außer den Juden wurden auch andere Gruppen Opfer der NS-Ideologie.	☐	☐
5.	Im Zweiten Weltkrieg hat Deutschland zuerst die Sowjetunion überfallen.	☐	☐
6.	Die Gruppe *Die Weiße Rose* hat gegen die Nationalsozialisten gekämpft.	☐	☐

4a Lesen Sie die Texte und ergänzen Sie die Wörter.

Holocaust-Mahnmal – Stolperstein – Gedenktag

1. Das ist ein ______________. Man findet sie in vielen Städten und Gemeinden vor Häusern, in denen Juden gelebt haben, die während des Nationalsozialismus ermordet, deportiert oder vertrieben wurden.

2. Das ______________ steht seit 2005 im Zentrum von Berlin. Es erinnert an die sechs Millionen in Europa ermordeten Juden.

220 3. Die Gedenkfeier am 27. Januar: An diesem Tag wurde das Konzentrationslager Auschwitz befreit. Dieser ist in Deutschland ein ______________, an dem man an alle Opfer des Nationalsozialismus erinnert.

4b Welche Erinnerungen an den Nationalsozialismus gibt es an Ihrem Wohnort?

5 Was sagen diese Personen über die NS-Zeit? Warum darf man die Zeit des Nationalsozialismus nicht vergessen? Warum ist das Wissen über diese Zeit wichtig?

Markus Roth, 21
Ich finde es gut, dass man in Deutschland an die Nazi-Zeit erinnert. Wir dürfen diese Zeit nicht vergessen. Damals sind so schreckliche Dinge passiert.

Carla Petersmeyer, 37
Ich habe einmal das Konzentrationslager Auschwitz besucht. Das war furchtbar. Ich denke, dass wir Deutschen heute besonders aufmerksam sein müssen, wenn Neonazis wieder aktiv werden.

Eine Zeitzeugin berichtet

Die Holocaust-Überlebende Magda Hollander-Lafon (geb. 1927)

Drei Tage dauerte die Fahrt im Viehwaggon von Ungarn nach Auschwitz. Als wir ankamen, an einem kalten und nebligen Morgen, wurden wir getrennt. Wie ich später erfuhr, war es der berüchtigte Doktor Josef Mengele, der uns selektierte. Er hielt mich für 18 und arbeitsfähig. Ich sollte nach rechts gehen. Mutter und Schwester mussten nach links gehen. Sie wurden sofort ermordet.

Ich habe schon vom ersten Tag an gewusst, was in Auschwitz passiert. Nach einer entwürdigenden Prozedur der Desinfektion kam ich ins Quarantänelager. Doch wo waren Mutter und Schwester? Die Lagerälteste zeigte auf die rauchenden Kamine des Krematoriums und sagte: „Da sind sie schon drin."

Ich musste in Auschwitz-Birkenau bleiben und arbeiten. Manchmal befahlen die Nazis, dass wir Steine von einer Seite auf die andere räumen sollten – total sinnlos. Leichen mussten wir einsammeln und deren Asche umherkarren und in einem Teich versenken. Ich sah Leichen, die angezündet wurden.

Der Gestank von verbranntem Fleisch war unerträglich. Wir wurden gedemütigt und mit Peitschen geschlagen. Die Nazis haben mit uns gemacht, was ihnen in den Sinn kam. Ziel war, dass wir schnellstmöglich draufgingen. Das übersteigt jegliche Vorstellungskraft. Wir waren bereit zu sterben. Ich hatte akzeptiert, dass es so sein sollte. Der Tod war Realität, genau wie der Hass und die Angst.

Wir waren hungrig, und man gab uns nichts zu essen, einmal wäre ich fast verdurstet. Wenn man Hunger oder Durst hat, ist man zu Dingen fähig, die man vorher nicht für möglich gehalten hätte. Man muss sich die Frage heute einmal stellen: Wie hätte ich mich unter solchen Bedingungen verhalten? Was hätte ich wohl gemacht?

Im Lager gab es aber wichtige Momente, wie beispielsweise Sonntagnachmittage, die einzigen Stunden, in denen wir nicht arbeiten mussten. Wir haben unseren Geist fit gehalten, haben uns Gedichte vorgetragen, bis wir vergessen haben, wo wir waren. Wir fühlten uns in einem anderen Universum. Durch die Poesie und die Musik trugen wir die Hoffnung immer weiter in unseren Herzen. Wir gaben unser Brot für ein Stück Papier, einen Bleistift, um Spuren zu hinterlassen, und um andere vor diesem Horror zu bewahren.

Während die Nazis uns wie den letzten Dreck behandelten, gab es unter uns Gefangenen eine gewisse Solidarität. Das hilft mir heute, an den Funken Menschlichkeit zu appellieren, der jedem von uns innewohnt.

(© Süddeutsche Zeitung, 26. Januar 2015)

1 **Lesen Sie den Text. Was hat Frau Hollander-Lafon in dem Konzentrationslager erlebt? Machen Sie Notizen und berichten Sie.**

Die Jahre 1945 – 1949

1 Ordnen Sie die Sätze zu.

167, 168, 175, 176, 177, 178, 184

A

B

C

1. Das war die Bilanz des Zweiten Weltkriegs: Millionen Menschen waren gestorben und große Teile Europas waren zerstört. Millionen Menschen mussten ihre Heimat verlassen.
2. 1945 – 1949: Deutschland ist in vier Besatzungszonen, Berlin in vier Sektoren geteilt.
3. 24. Juni 1948 bis 12. Mai 1949: Die Sowjetunion blockiert alle Landwege nach West-Berlin. Die Westalliierten (Frankreich, Großbritannien, USA) richten eine Luftbrücke ein.

2 Lesen Sie den Text und beantworten Sie die Fragen.

Den Tag der bedingungslosen Kapitulation Deutschlands (8. Mai 1945) und den Beginn des Wiederaufbaufs in Deutschland hat man lange Zeit auch als „Stunde Null" bezeichnet. Von 1945 bis 1949 ist Deutschland in vier Besatzungszonen eingeteilt. Hier regieren die Alliierten Frankreich, Großbritannien, die Sowjetunion und die USA. Berlin wird in vier Sektoren geteilt. Ab Herbst 1945 erlauben die Alliierten wieder politische Parteien. Im Juni 1948 gibt es in den Westzonen eine Währungsreform, die D-Mark wird eingeführt. In Nürnberg finden unter Beteiligung aller Alliierten vom 20. 11. 1945 bis 30. 9. 1946 die Nürnberger Prozesse gegen die überlebenden Führer der NS-Zeit statt. Da viele Männer gefallen oder in Kriegsgefangenschaft sind, räumen die Frauen die zerstörten Städte auf. Man nennt diese Frauen Trümmerfrauen. Die Sowjetunion und die USA werden immer mehr zu Gegnern. Der Kalte Krieg beginnt. Als die Sowjetunion alle Zufahrtswege nach West-Berlin blockiert, errichten die Westalliierten eine Luftbrücke. West-Berlin wird von Flugzeugen mit Lebensmitteln versorgt, die in Westdeutschland starten. Die drei westlichen Besatzungszonen und die sowjetische Besatzungszone entwickeln sich ab jetzt verschieden.

1. Was ist die „Stunde Null"?
2. Ab wann waren in Deutschland wieder politische Parteien erlaubt?
3. Welche Währung wurde 1948 in den Westzonen eingeführt?
4. Wer wurde in den Nürnberger Prozessen angeklagt?
5. Was haben die Trümmerfrauen gemacht?
6. Was war die Luftbrücke?

Die Jahre der Teilung: 1949 – 1989

1 Ordnen Sie die Sätze den Bildern zu.

165, 169, 172, 174, 180, 181, 183, 186, 187, 188, 189, 190, 209, 210

A

B

C

D

E

F

1. Am 23. 5. 1949 wird die Bundesrepublik Deutschland gegründet, am 7. 10. 1949 die Deutsche Demokratische Republik (DDR).
2. In den fünfziger Jahren wächst die Wirtschaft in der Bundesrepublik stark. Man nennt diese Zeit das Wirtschaftswunder. Grundlage ist die Soziale Marktwirtschaft, in der der Staat für sozialen Ausgleich sorgt.
3. 1949 – 1963: Konrad Adenauer ist der erste deutsche Bundeskanzler.
4. 17. Juni 1953: Volksaufstand in der DDR
5. 13. August 1961: Die Berliner Mauer wird gebaut.
6. Am 7. Dezember 1970 fällt der deutsche Bundeskanzler Willy Brandt vor dem Denkmal im Warschauer Ghetto auf die Knie. Damit bittet er die Polen und die polnischen Juden um Vergebung für die Verbrechen der Nationalsozialisten.

2a **Lesen Sie die Texte. Welche Informationen aus Aufgabe 1 finden Sie wieder? Unterstreichen Sie wie in den Beispielen.**

165, 169, 172, 174, 180, 182, 190, 203

Aufbau in West-Berlin mit Hilfe des Marshallplans

Das Jahr 1949

Am 23. 5. 1949 wird die Bundesrepublik Deutschland gegründet, das Grundgesetz tritt in Kraft. Hauptstadt wird Bonn, die Bundesrepublik orientiert sich an den USA und Westeuropa. Die wichtigsten Parteien werden die SPD, die CDU/CSU und die FDP. Der erste Bundeskanzler ist Konrad Adenauer (CDU). Er regiert bis 1963. Wichtige Ziele seiner Politik sind die Freundschaft mit Frankreich sowie mit den USA. Mit dem Marshallplan unterstützen die USA seit 1948 die wirtschaftliche Entwicklung in Deutschland und Europa. Die Deutsche Demokratische Republik (DDR) entsteht am 7. 10. 1949 als sozialistischer Staat, der sich an der Sowjetunion orientiert. Führende Partei wird die SED (Sozialistische Einheitspartei Deutschlands), die 1946 durch die Zwangsvereinigung der ostdeutschen SPD mit der kommunistischen Partei (KPD) entstanden war. Hauptstadt wird Ost-Berlin. Der Staat kontrolliert die Wirtschaft, d. h. die DDR hat eine Planwirtschaft. Die DDR erhält keine wirtschaftliche Hilfe, sodass sie von Anfang an schlechtere Chancen hat.

183, 186, 207, 210, 299

Der einmillionste so genannte „Gastarbeiter“

Die fünfziger Jahre

Am 17. Juni 1953 gehen in der DDR Arbeiter auf die Straße. Sie protestieren gegen die Regierung und fordern u. a. freie Wahlen. Das sowjetische Militär stoppt den Aufstand mit Panzern. Bis zur Wiedervereinigung im Jahr 1990 ist der 17. Juni in der Bundesrepublik Deutschland der Nationalfeiertag. 1955 werden die beiden deutschen Staaten Mitglieder der Militärbündnisse: Im Mai 1955 tritt die Bundesrepublik Deutschland in die NATO ein, die DDR wird Mitglied im Warschauer Pakt. Die Wirtschaft in der Bundesrepublik Deutschland wächst immer schneller und es fehlen Arbeitskräfte. Es ist die Zeit des Wirtschaftswunders, der Lebensstandard steigt. Ab 1955 kommen Arbeitskräfte aus anderen Ländern, die sogenannten Gastarbeiter. 1957 wird die Europäische Wirtschaftsgemeinschaft (EWG) von sechs Staaten gegründet, die Bundesrepublik Deutschland ist eines der Gründungsmitglieder. Grundlage sind die Römischen Verträge, die auch heute noch gültig sind.

185, 188, 189, 193, 202, 207

Studentendemonstrationen

Die sechziger Jahre

Viele DDR-Bürger fliehen in den Westen. Deshalb baut die DDR am 13. 8. 1961 die Berliner Mauer. Sie trennt die Stadt und wird Teil des „Eisernen Vorhangs“ des Warschauer Paktes gegen den Westen. Danach gibt es zunächst kaum Kontakt zwischen West- und Ostdeutschen. Die DDR-Bürger dürfen nicht in den Westen reisen, an der innerdeutschen Grenze sterben in den folgenden 28 Jahren ungefähr tausend Menschen beim Versuch zu fliehen. Die sechziger Jahre sind in der Bundesrepublik Deutschland und in West-Berlin das Jahrzehnt der Studentenbewegung. Die Studenten protestieren u. a. gegen den Vietnam-Krieg und fordern gesellschaftliche Reformen. 1968 finden die meisten Protestaktionen statt.

181, 211

Gründungsparteitag der Grünen

Die siebziger Jahre

1969 wird die SPD zum ersten Mal führende Regierungspartei. Willy Brandt (Bundeskanzler 1969–1974) beginnt eine Ostpolitik, durch die auch die Bundesrepublik Deutschland und die DDR wieder miteinander sprechen. Auch mit anderen Staaten des Warschauer Paktes, z. B. Polen, gibt es Gespräche und es werden Verträge geschlossen (Ostverträge). Berühmt geworden ist der Kniefall von Willy Brandt vor dem Denkmal im Warschauer Ghetto. Damit bat er die Polen bzw. die polnischen Juden im Namen aller Deutschen um Vergebung für die Verbrechen der Nationalsozialisten. Die DDR und die Bundesrepublik Deutschland nehmen diplomatische Beziehungen auf. 1974 wird Helmut Schmidt (SPD) Bundeskanzler. Die Studentenbewegung beeinflusst die weitere Entwicklung stark: Die Frauenbewegung gewinnt an Einfluss und viele Bürger diskutieren über die Gleichberechtigung. Die Umweltbewegung protestiert gegen Atomkraftwerke. 1980 entsteht die Partei *Die Grünen*. Außerdem erlebt die Bundesrepublik in den siebziger Jahren viele Anschläge durch linke Terroristen. Im Jahr 1977 werden wichtige Personen im Staat und in der Wirtschaft ermordet.

Nach der Flucht in den Westen: DDR-Bürger 1989 in Bayern

Die achtziger Jahre

Am Anfang der achtziger Jahre gibt es sowohl in der DDR als auch der Bundesrepublik Deutschland eine große Friedensbewegung. Auf beiden Seiten protestieren die Menschen gegen die Aufrüstung. In der DDR bietet nur die Kirche die Möglichkeit für freie und offene Diskussionen.

Die DDR ist in einer schwere Krise. Viele Menschen wollen das Land verlassen und beantragen die Ausreise in die Bundesrepublik Deutschland. Im Mai 1989 öffnet Ungarn die Grenzen nach Österreich. Viele DDR-Bürger, die im Sommer 1989 in Ungarn Urlaub machen, nutzen die Gelegenheit zur Flucht.

2b Verbinden Sie die Sätze.

Die führende Partei der DDR	1	A	eine Friedensbewegung.
1949 wurde Bonn	2	B	ab 1955 nach Deutschland.
Die ersten Gastarbeiter kamen	3	C	war die SED.
Nach dem Mauerbau	4	D	Ostpolitik begonnen.
Willy Brandt hat die	5	E	der Bundesrepublik Deutschland die Frauen-und die Umweltbewegung stärker.
In den siebziger Jahren wurden in	6	F	die Hauptstadt der Bundesrepublik Deutschland.
Anfang der achtziger Jahre gab es in beiden Teilen Deutschlands	7	G	gab es lange keinen Kontakt zwischen den Menschen in beiden Teilen Deutschlands.

3 Was wissen Sie über die Geschichte Ihres Heimatlandes aus dieser Zeit?

Deutschland seit 1989

1 Ordnen Sie die Sätze den Fotos zu.

191, 194, 196, 199, 204, 206, 208, 215, 219, 228

A ☐

B ☐

C ☐

D ☐

E ☐

F ☐

1. Mehrere tausend DDR-Bürger besetzen im August 1989 die Botschaft der Bundesrepublik Deutschland in Prag. Die DDR-Regierung soll ihnen die Ausreise erlauben.
2. ab 4. September 1989: Montagsdemonstration in Leipzig gegen die DDR-Regierung
3. 9. 11. 1989: Die Mauer ist gefallen, die Grenzen zwischen der DDR und der Bundesrepublik Deutschland sind offen. Das Ende der SED-Herrschaft und die Entwicklung zur Demokratie in der DDR im Herbst 1989 nennt man auch die Wende.
4. 208 Akten in der Stasi-Unterlagen-Behörde. Sie enthalten Informationen über die Überwachung von DDR-Bürgern und über Personen, die für die Stasi (Ministerium für Staatssicherheit der DDR) gearbeitet haben.
5. Helmut Kohl wird der erste Kanzler für Gesamtdeutschland. Er regiert von 1982 – 1998.
6. 3. Oktober 1990: Die fünf östlichen Bundesländer treten der Bundesrepublik bei. Tag der Wiedervereinigung. Zwei Monate später findet die erste gesamtdeutsche Bundestagswahl statt.

2 Lesen Sie den Text und beantworten Sie die Fragen.

Seit dem Sommer 1989 versuchen immer mehr DDR-Bürger, die DDR zu verlassen. Sie besetzen u. a. die westdeutsche Botschaft in der tschechischen Hauptstadt Prag, um so ihre Ausreise zu erzwingen. Als Ungarn am 11. September 1989 die Grenze nach Österreich öffnet, fliehen innerhalb von 3 Tagen 15 000 DDR-Bürger über Ungarn und Österreich nach Westdeutschland.

206 Die Krise der DDR wird immer deutlicher: In Leipzig versammeln sich immer mehr Menschen zu den Montagsdemonstrationen. Die Menschen protestieren auf diesen Demonstrationen gegen die DDR-Regierung und fordern Reformen. Den 40. Jahrestag der DDR am 7. Oktober feiert die DDR-Regierung zwar noch mit großen Paraden, gleichzeitig aber demonstrieren die Menschen in mehreren Städten.

191 Die DDR-Regierung verliert zunehmend die Kontrolle, bis am 9.11. die Grenzen nach Westdeutschland geöffnet werden (Mauerfall).Im Dezember 1989 tritt die gesamte SED-Führung zurück. Gegen Ende des Jahres werden die Forderungen nach der Wiedervereinigung der beiden deutschen Staaten immer stärker.

Im März 1990 gibt es in der DDR Parlamentswahlen. Die DDR bekommt die erste demokratisch gewählte Regierung. Es beginnen Gespräche über die Wiedervereinigung zwischen den beiden deutschen Regierungen sowie den Alliierten aus dem Zweiten Weltkrieg, d. h. USA, Sowjetunion, Großbritannien und Frankreich (2+4 Gespräche). Auch sie müssen zustimmen. Wichtig war besonders, dass Michail Gorbatschow in der Sowjetunion Reformen eingeleitet und eine neue Außenpolitik begonnen hat.

191, 194, 195, 197, 198, 200, 201, 215, 218, 219, 228 Am 1. 7. 1990 wird auch in der DDR die D-Mark eingeführt (Währungsunion) und am 3. Oktober 1990 ist die Wiedervereinigung. Aus der ehemaligen DDR werden fünf neue Bundesländer: Brandenburg, Mecklenburg-Vorpommern, Sachsen, Sachsen-Anhalt und Thüringen. Der 3. Oktober ist jetzt als Tag der deutschen Einheit Nationalfeiertag. Am 2. Dezember 1990 finden die ersten gesamtdeutschen Bundestagswahlen statt. Helmut Kohl wird der erste Bundeskanzler für Gesamtdeutschland. Insgesamt war er von 1982 bis 1998 Bundeskanzler.

Obwohl in den Jahren nach der Wiedervereinigung in den neuen Bundesländern viel Geld in die Modernisierung des Verkehrssystems oder in die Sanierung von Gebäuden investiert wurde, sind die wirtschaftlichen und sozialen Unterschiede zwischen Westdeutschland und Ostdeutschland immer noch groß. In Ostdeutschland haben viele Menschen ihre Arbeit verloren, die Ostdeutschen haben im Durchschnitt weniger Geld als die Westdeutschen. Viele Ostdeutsche sind nach der Wiedervereinigung in den Westen gekommen, wo sie leichter Arbeit finden konnten.

199, 208 Die Aktivitäten des Ministeriums für Staatssicherheit in der DDR (Stasi) sorgen auch heute noch für Diskussionen. Die Stasi mit vielen tausend Mitarbeitern hatte ein umfassendes Überwachungsnetz und es kam vor, dass sogenannte inoffizielle Mitarbeiter Freunde, ja sogar die eigene Familie ausspioniert haben. Heute gibt es in Berlin eine Behörde (Stasi-Unterlagen-Behörde), in der die Stasi-Akten aufbewahrt werden. Die Bürger haben das Recht, Akten einzusehen, die die Stasi über sie angelegt hat.

1. Wie sind 1989 viele Menschen aus der DDR geflohen?
2. Was war das Thema auf den Montagdemonstrationen?
3. Wann ist die SED-Führung zurückgetreten?
4. Wer musste der Wiedervereinigung zustimmen?
5. Wann waren die ersten Bundestagswahlen nach der Wiedervereinigung?
6. Was war die Stasi?

3 Menschen in Ost und West. Lesen Sie die Aussagen. Was denken die Menschen heute?

1. Ich bin jetzt 50 Jahre alt und in Westdeutschland aufgewachsen. Ich wohne in Baden-Württemberg. Hier arbeiten viele Leute aus den neuen Bundesländern. Ich fühle immer eine gewisse Distanz, wenn mir jemand erzählt, dass er oder sie aus dem Osten kommt.
2. Ich komme aus Sachsen und lebe jetzt in Schleswig-Holstein. Die Wiedervereinigung war gut, aber sie ging einfach zu schnell. Ich erlebe in Schleswig-Holstein oft, dass die Menschen nur wenig über das Leben in der DDR wissen.
3. Sicherlich gehören wir zusammen, aber in den Köpfen gibt es immer noch Ost und West. Manchmal denke ich, man sollte nicht alles schlecht machen, was aus der DDR kommt. Ich glaube, dadurch fühlen sich viele Ostdeutsche als Bürger zweiter Klasse.
4. Ich habe mich 1989 sehr gefreut, als die Mauer gefallen ist, denn so konnte ich endlich wieder meine Geschwister, die in der DDR gelebt haben, ohne Probleme besuchen und sie natürlich auch mich in Hamburg. Ich war damals sehr optimistisch und habe an eine gute Entwicklung geglaubt. Heute bin ich etwas enttäuscht. Manchmal habe ich das Gefühl, dass der Unterschied zwischen den Ostdeutschen und den Westdeutschen heute größer ist als bei der Wiedervereinigung.

4 Vergleichen Sie die Zahlen und lesen Sie die Zeitungsüberschrift. Was erfahren Sie über die Unterschiede zwischen den alten und den neuen Bundesländern?

Einwohnerentwicklung in der Bundesrepublik Deutschland und in einigen Bundesländern 1990 bis 2015.

	1990	2015[1]	Veränderung	Arbeitslosenquote August 2016
Bundesrepublik Deutschland	79.753.227	82.175.684	+3,4 %	6,1 %
neue Bundesländer				
Brandenburg	2.578.312	2.484.826	–3,0 %	6,4 %
Mecklenburg-Vorpommern	1.923.959	1.612.362	–16,2 %	9,0 %
Sachsen	4.764.301	4.084.851	–14,3 %	7,1 %
Sachsen-Anhalt	2.873.957	2.245.470	–21,9 %	9,2 %
Thüringen	2.611.319	2.170.714	–16,9 %	6,4 %
einige alte Bundesländer				
Baden-Württemberg	9.822.027	10.879.618	+10,8 %	3,9 %
Bayern	11.448.823	12.843.514	+12,2 %	3,5 %
Hessen	5.763.310	6.176.172	+7,2 %	5,3 %
Nordrhein-Westfalen	17.349.651	17.865.516	3,0 %	7,8 %
Saarland	1.072.963	995.597	–7,2 %	7,3 %

1) Stand 31.12.2015

Ostdeutschland

Löhne nach wie vor niedriger

Im Osten verdienen die Arbeitnehmer in manchen Berufen auch mehr als 25 Jahre nach der Wiedervereinigung noch immer gut ein Fünftel weniger als im Westen.

Wichtige Ereignisse bis 2016

1a Lesen Sie den Text. Ordnen Sie die Abschnitte den Fotos zu.

A ☐

Lastwagen mit Kisten aus dem Bonner Bundestag vor dem Berliner Reichstagsgebäude (6.7.1999)

B ☐

Flüchtlinge am 4.8.2015 im Bahnhof Rosenheim (Bayern)

C ☐

Bundestag beschließt Ende der Atomkraft in Deutschland

1. 1991 beschließt der Bundestag den Umzug des Parlamentes von Bonn nach Berlin. Der Umzug erfolgt dann 1999, auch der größte Teil der Bundesregierung zieht nach Berlin um.
2. Bei der Bundestagswahl 1998 verliert die bisherige Regierungskoalition von CDU/CSU und FDP mit Helmut Kohl an der Spitze ihre Mehrheit. Die SPD und Bündnis 90/Die Grünen bilden die neue Regierungskoalition. Bundeskanzler wird Gerhard Schröder (SPD). 2003 beginnt – als Reaktion auf die herrschende wirtschaftliche Krise – eine Reform des Arbeitsmarktes und des Sozialsystems die u. a. strengere Regeln für Arbeitslose und höhere Belastungen für Arbeitnehmer bei den Sozialabgaben bedeutet (Agenda 2010). Ziel ist es, die deutsche Wirtschaft zu stärken und mehr Menschen in Arbeit zu bringen.
3. Unter anderem wegen Kritik an der Agenda 2010 verliert die Koalition von SPD und Bündnis 90/Die Grünen bei der Bundestagswahl 2005 ihre Mehrheit. CDU/CSU und SPD bilden die neue Regierungskoalition, Angela Merkel (CDU) wird Bundeskanzlerin. Bei der Bundestagswahl 2009 verliert die SPD stark, die CDU bildet eine Koalition mit der FDP.
4. Ein wichtiger Programmpunkt der Koalition von SPD und Bündnis 90/Die Grünen war es, die Nutzung der Atomenergie zu beenden. Bis 2021 sollten alle Atomkraftwerke abgeschaltet sein. Nachdem die Koalition von CDU/CSU und FDP zunächst erlauben wollte, die Atomenergie länger zu nutzen, beschloss sie nach dem Atomunfall in Fukushima (Japan) 2011 das endgültige Ende der Atomenergie bis 2022.
5. Nach der Bundestagswahl 2013 bilden wieder CDU/CSU und SPD die Regierungskoalition. Angela Merkel bleibt Bundeskanzlerin.
6. Im Jahr 2015 kamen fast 900 000 Menschen als Flüchtlinge u. a. aus Syrien, Eritrea und Afghanistan über das Mittelmeer oder Griechenland, Mazedonien, Serbien etc. (Balkanroute) nach Deutschland. Die sogenannte Flüchtlingskrise ist ein Thema, das in Deutschland viele Menschen beschäftigt und über das viel diskutiert wird. Viele Menschen sind bereit, Flüchtlingen aus Kriegsgebieten Schutz zu bieten, aber es gab auch mehrere Angriffe auf Flüchtlingsheime oder auf einzelne Flüchtlinge. 2016 kamen viel weniger Flüchtlinge nach Deutschland.

1b Lesen Sie noch einmal und beantworten Sie die Fragen.

1. Wie hieß der Nachfolger von Helmut Kohl?
2. Was war das Ziel der Agenda 2010?
3. Seit wann ist Angela Merkel Bundeskanzlerin?
4. Wann sollen in Deutschland alle Atomkraftwerke ausgeschaltet sein?
5. Wie viele Menschen sind 2015 als Flüchtlinge nach Deutschland gekommen?

Deutschland und Europa

1 Betrachten Sie die Karte. Welche Länder kennen Sie? Was ist dort ähnlich wie in Deutschland, was ist anders?

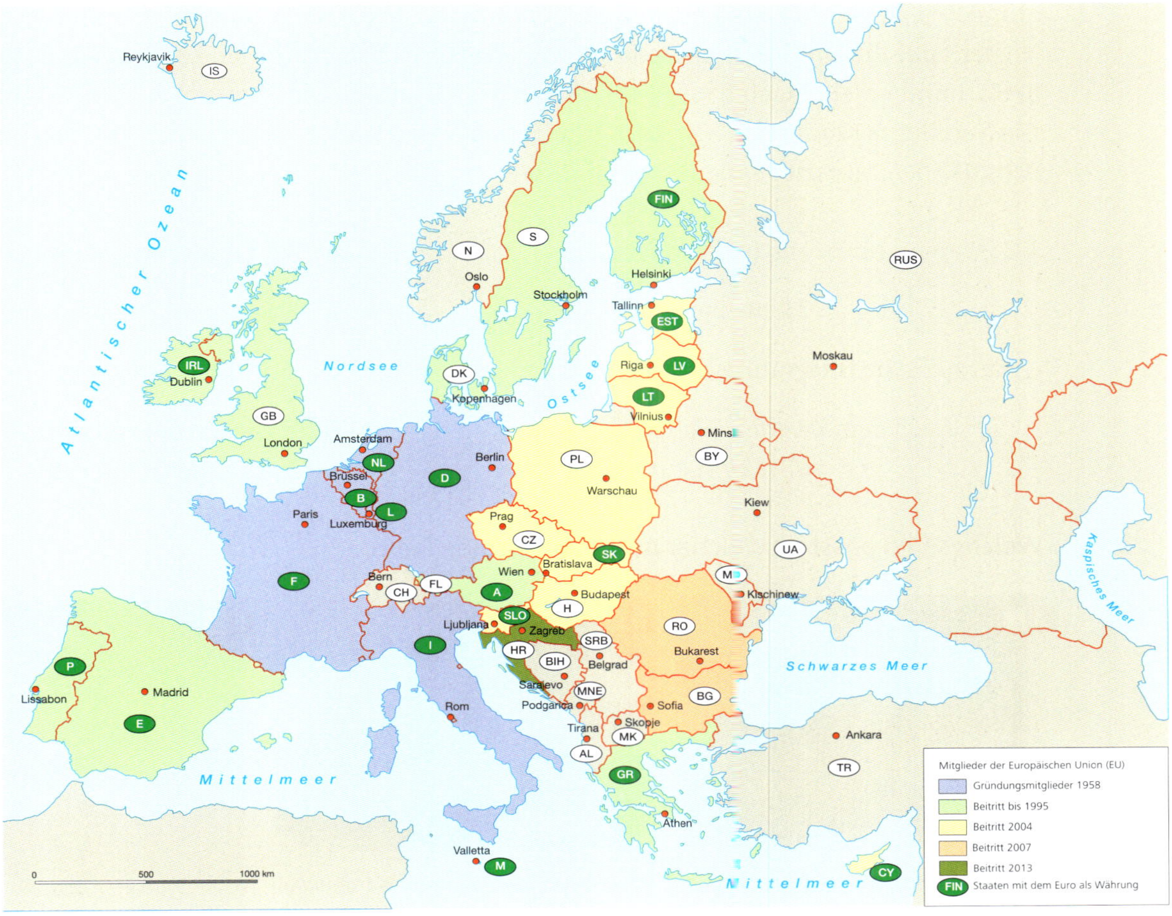

221, 237, 239, 240

Die Geschichte der EU – ein Überblick

1957: Römische Verträge. Europäische Wirtschaftsgemeinschaft: Belgien, die Bundesrepublik Deutschland, Frankreich, Italien, Luxemburg, Niederlande.

1968: Zollunion, gemeinsame Außenzölle.

1973: Dänemark, Großbritannien und Irland treten bei.

1979: Erste Direktwahl des Europäischen Parlaments.

1981: Griechenland tritt bei.

1986: Spanien und Portugal treten bei.

1991: Vertrag von Maastricht. Beschlüsse über gemeinsame Währungs-, Außen- und Sicherheitspolitik.

1993: Binnenmarkt. Freier Personenverkehr, keine Grenzen mehr für Menschen, Waren, Dienstleistungen und Kapital in der EU.

1995: Finnland, Österreich und Schweden treten bei. Schengen-Abkommen. Abschaffung gegenseitiger Grenz- und Passkontrollen.

2002: Zwölf EU-Staaten führen den Euro ein. Bis 2015 gehören zur Eurozone 19 Staaten.

2004: Zehn neue Mitglieder: Estland, Lettland, Litauen, Malta, Polen, Slowakei, Slowenien, Tschechien, Ungarn und Zypern.

2007: Bulgarien und Rumänien treten bei. Vertrag von Lissabon (gültig ab 1. 12. 2009): schnellere Entscheidungen in der EU und mehr Rechte für das Europäische Parlament.

2013: Kroatien wird Mitglied

2016: In Großbritannien stimmen 51,9 % der Wähler für den EU-Austritt („Brexit").

2 Die europäische Integration. Lesen Sie den Text und ordnen Sie zu.

224, 231, 235, 236

Viele Jahrhunderte gab es in Europa Kriege. Der Zweite Weltkrieg hatte gezeigt, dass man in Europa ein System für Frieden und Sicherheit schaffen muss. Es sollte keine Kriege mehr geben. So begann in den fünfziger Jahren des letzten Jahrhunderts die europäische Integration. 1957 gründeten Belgien, die Bundesrepublik Deutschland, Frankreich, Italien, Luxemburg und die Niederlande die EWG (Europäische Wirtschaftsgemeinschaft), die heute Europäische Union (EU) heißt. Immer mehr Staaten schlossen sich in der EU zusammen. Heute hat sie 28 Mitgliedsstaaten. Das Vereinigte Königreich (Großbritannien und Nordirland) gehört noch zur EU, hat aber am 8. 2. 2017 den Austritt aus der EU beschlossen.

EU ist eine Abkürzung und bedeutet	1 ○	○ A	28 Mitgliedsstaaten.
Heute hat die EU	2 ○	○ B	Frieden und Sicherheit geben.
Europäische Integration bedeutet,	3 ○	○ C	Europäische Union.
Nach dem Zweiten Weltkrieg sollte es in Europa	4 ○	○ D	dass sich die europäischen Staaten zusammenschließen.

3 Welches Bild passt zu welcher Aussage? Ordnen Sie zu.

226, 230, 234

A ☐

Die Flagge der Europäischen Union

B ☐

Das Europäische Parlament in Straßburg

C ☐

Die Europäische Kommission in Brüssel

D ☐

Der Europäische Rat

E ☐

Die Europäische Zentralbank in Frankfurt

1. Sie verwaltet den Euro. 2002 hat er in Deutschland die Deutsche Mark ersetzt. Seit 2002 haben 19 Länder der EU den Euro eingeführt.
2. Sie hat 28 Mitglieder (ein Mitglied pro Land). Sie ist politisch unabhängig und vertritt die Interessen der gesamten EU.
3. Es wird alle fünf Jahre von den Bevölkerungen der Mitgliedsstaaten gewählt. Neben Straßburg sind Luxemburg und Brüssel weitere Arbeitsorte des Parlaments.
4. Hier tagen die Staats- und Regierungschefs der EU. Sie kommen mindestens zweimal pro Halbjahr zusammen und geben die Leitlinien für die europäische Politik vor.
5. Der Kreis der zwölf goldenen Sterne erinnert an die Monate des Jahres und symbolisiert die Einheit der Völker Europas.

Das Europäische Parlament

1 **Das Ergebnis der Europawahl am 25.5.2014 in Deutschland. Wie viele Abgeordnete haben die Parteien im Europaparlament? Ordnen Sie zu.**

232

34 – 27 – 7 – 11 – 7 – 7 – 3

Sitze im Europaparlament

CDU/CSU	35,3 %	☐
SPD	27,3 %	☐
GRÜNE	10,7 %	☐
DIE LINKE	7,4 %	☐
AfD	7,1 %	☐
FDP	3,4 %	☐
Sonstige	8,8 %	☐

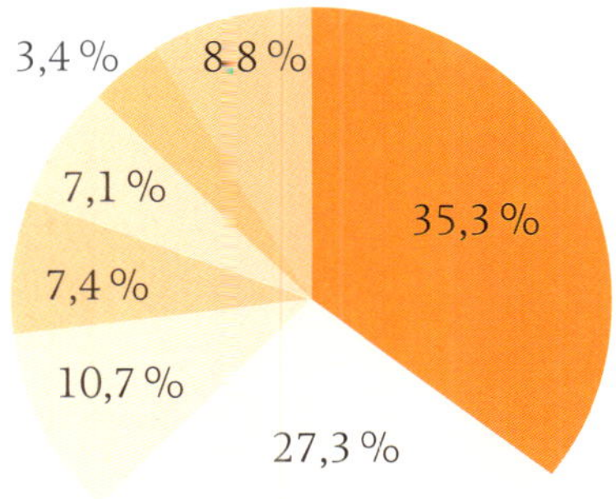

Quelle: Europaparlament, 2014

2 **Das Europaparlament. Lesen Sie den Text und beantworten Sie die Fragen.**

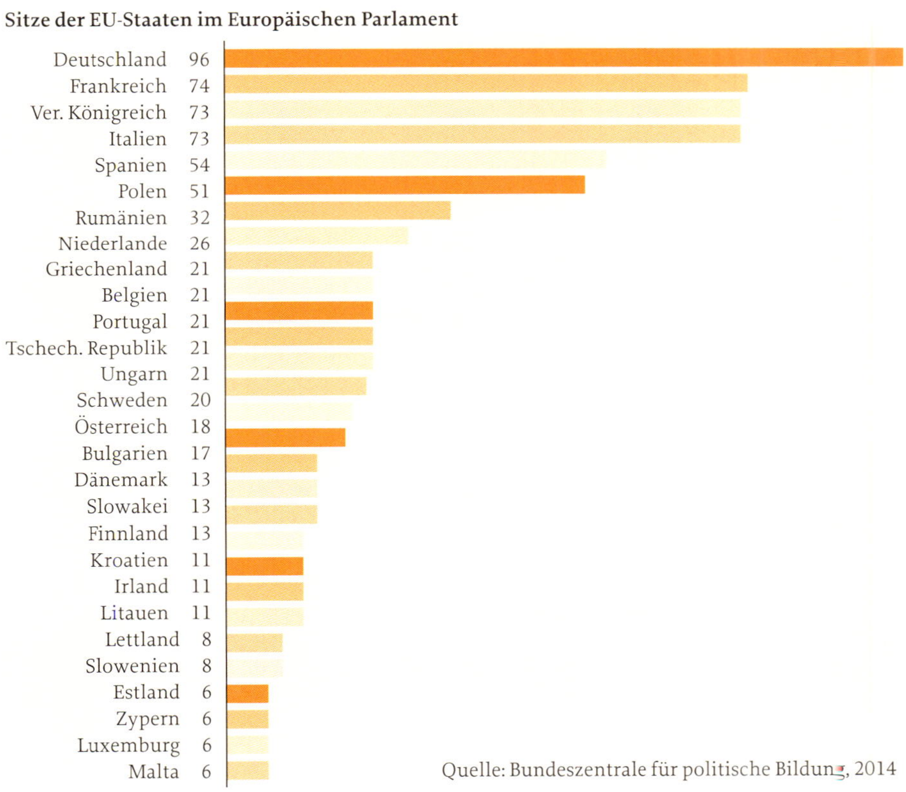

Quelle: Bundeszentrale für politische Bildung, 2014

Insgesamt hat das Europaparlament 751 Sitze. Deutschland hat 96 Sitze und damit die meisten Sitze von allen Ländern, weil Deutschland die größte Einwohnerzahl von allen EU-Mitgliedsstaaten hat. Es folgt Frankreich mit 74 Sitzen. Die kleinsten vier Staaten (Estland, Luxemburg, Malta, Zypern) haben je sechs Sitze.

Bei der Europawahl am 25.5.2014 gab es in Deutschland zum ersten Mal keine 5 %-Hürde. Das Bundesverfassungsgericht hat entschieden, dass diese gegen das Grundgesetz verstößt. Auch Parteien, die weniger als 5 % der Stimmen hatten, konnten also Sitze im Parlament bekommen. So erreichte z. B. die FDP mit 3,4 % der Stimmen 3 Sitze und sieben weitere Parteien jeweils einen Sitz.

1. Wie viele Abgeordnete hat das Europaparlament?
2. Recherchieren Sie: Wie viele deutsche Parteien haben Sitze im Europaparlament? Was wissen Sie über die Parteien? Welche Diskussionen gibt es aktuell? Tauschen Sie im Kurs Informationen aus.

Informationen finden Sie zum Beispiel hier:
www.europa.eu/european-union/index_de. Stichwörter: *Europäisches Parlament* oder *Wahlen*.

Die Europäische Union und ihre Bürger

1a **Meinungen zu Europa. Lesen Sie die Texte und ordnen Sie die Stichwörter den Texten zu.**

Zusammenarbeit – Weltpolitik – Arbeitserlaubnis – Umweltschutz – Investitionen – Menschenrechte – Enttäuschung – Fördermittel – Krieg

Alexandra Dinuslescu, Rumänien

Mein Heimatland ist seit 2007 Mitglied in der EU. Das ist für mich eine persönliche Chance, denn ich habe die Möglichkeit, hier in Deutschland frei zu arbeiten. Ich brauche dafür keine extra Arbeitserlaubnis.
Rumänien hat von der EU viele Fördermittel bekommen und konnte so die Infrastruktur verbessern. Auch haben viele ausländische Firmen in Rumänien investiert und Arbeitsplätze geschaffen.
Ich glaube, dass die Mehrheit der Rumänen die EU-Mitgliedschaft gut findet, aber viele denken auch, dass unser Land in der EU nichts zu sagen hat. Vielleicht kam die EU-Mitgliedschaft etwas zu früh. Rumänien ist klein und wir müssen noch mehr lernen, damit wir in der EU-Politik richtig mitreden können.

Daliborka Kolar, Kroatien

Seit Juli 2013 ist Kroatien EU-Mitglied. Ich finde das gut und wichtig, denn unser Land braucht die Gemeinschaft der Länder um große Aufgaben, wie z. B. Umweltschutz oder Verteidigung der Menschenrechte, zu lösen.
Aber jetzt gibt es bei vielen Menschen Enttäuschung. Fast alles ist gleich geblieben. Es gibt keine neuen Jobs und man kann nicht sehen, dass das Leben in Zukunft besser wird. Vielen Leuten in Kroatien fehlt das Gefühl, dass sie europäische Bürger sind.

Manfred Möller, Deutschland

Ich finde es gut, dass es die EU gibt. Die einzelnen Länder in Europa sind zu klein, um in der Weltpolitik allein eine Rolle zu spielen. Die USA, Russland, Brasilien und China sind viel größer als jeder Staat, der EU-Mitglied ist. Nur wenn die europäischen Staaten zusammenarbeiten, können sie erfolgreich sein und nur dann hört man ihre Stimme in der Welt. Früher hat es in Europa viele Kriege gegeben, z. B. zwischen Deutschland und Frankreich. Jetzt arbeiten diese und andere Staaten in der EU eng zusammen und das hat in den letzten Jahrzehnten auch bedeutet, dass es keine Kriege mehr gab.

1b

1. Warum ist die EU für Frau Dinuslescu eine persönliche Chance?
2. Was finden viele Leute in Rumänien nicht so gut?
3. Was findet Frau Kolar an der EU gut?
4. Warum sind viele Leute in Kroatien enttäuscht?
5. Warum haben die Staaten in Europa nach Meinung von Herrn Möller nur zusammen eine Chance?
6. Was sagt Herr Möller über Kriege in Europa?

Die Europäische Union 2016

6 **1a** Hören Sie das Gespräch? Welche Fotos passen zu dem Gespräch? Kreuzen Sie an.

173, 221, 224, 226, 231, 234, 235, 237, 238, 239

A ☐

Lolland, Dänemark: Urlauber warten auf die Fähre nach Deutschland.

B ☐

Flüchtlinge auf dem Weg nach Slowenien

C ☐

23. Juni 2016: „Brexit". Großbritannien verlässt die EU.

D ☐

Zaun an der Grenze zu Ungarn

E ☐

Freier Warenverkehr in der Europäischen Union

F ☐

Gepäck und Rettungswesten von Flüchtlingen auf der griechischen Insel Samos

6 **1b** Hören Sie noch einmal. Wer sagt was? Markieren Sie.

	Michelle	Roman	Lailah
1. Vor einigen Jahren waren die Grenzen noch offener.	○	○	○
2. Viele EU-Bürger haben das Gefühl, dass ihre Meinung keine Bedeutung hat.	○	○	○
3. Die EU-Staaten denken nur an den eigenen Vorteil.	○	○	○
4. Die Staaten sollten sich nicht isolieren.	○	○	○
5. Die Zukunft der EU ist unklar.	○	○	○
6. Die Entscheidung der Briten für den EU-Austritt war vielleicht richtig.	○	○	○
7. In Europa gibt es viele Menschen ohne Papiere, die nicht weiterreisen können.	○	○	○
8. Die Staaten können die Probleme nur gemeinsam lösen.	○	○	○

2 Was ist Ihre Meinung? Diskutieren Sie über die folgenden Fragen:

1. Welche Vorteile und Nachteile hat die Europäische Union für die Bürger?
2. Sollten die europäischen Staaten sehr eng zusammenarbeiten oder sollten sie selbständiger sein und mehr allein entscheiden?
3. Was bedeutet die Europäische Union für Sie persönlich?

Ich komme aus Spanien. Ich habe einen EU-Pass und ich kann ohne Probleme in der EU reisen.

Für mich ist das nicht so einfach. 2015 bin ich nach Italien gekommen, dann war ich in Österreich, aber beide Länder wollten mich nicht haben. Auch in Deutschland war es sehr schwierig, Asyl zu bekommen.

Kurze Geschichte der Migration

1a **Lesen Sie den Text. Zu welchen Zeilen passen die Bilder?**

A 

B 

C 

Im 19. Jahrhundert sind viele Deutsche nach Südamerika, in die USA oder nach Kanada ausgewandert, weil sie sich dort ein besseres Leben als in Deutschland erhofften. Es gab auch politische Gründe: 1848 gab es in Deutschland eine Revolution, die aber die politische Situation nicht veränderte und viele ehemalige Aktivisten sind nach Amerika gegangen, weil sie Angst hatten, in Deutschland politisch verfolgt zu werden. In den siebziger und achtziger Jahren des 19. Jahrhunderts kamen viele Polen ins Ruhrgebiet, wo man Arbeitskräfte für die Kohlebergwerke brauchte.

Nach dem Zweiten Weltkrieg sind mehr als 12 Millionen Deutsche nach Deutschland gekommen, die vorher in den östlichen Gebieten Deutschlands – heute gehören diese Gebiete zu Polen und Russland – sowie in der damaligen Tschechoslowakei lebten. Während des Wirtschaftsaufschwungs in den fünfziger Jahren des 20. Jahrhunderts kamen aus Italien, u. a. Spanien Griechenland und der Türkei die sogenannten Gastarbeiter nach Deutschland. Auch in die ehemalige DDR kamen in den siebziger und achtziger Jahren Zuwanderer, insbesondere aus Vietnam, um dort zu arbeiten.

Nach den Erfahrungen des Nationalsozialismus, als viele Deutsche vor politischer Verfolgung ins Ausland fliehen mussten, war die Regelung für das Asylrecht im Grundgesetz zuerst sehr liberal. Seit Mitte der siebziger Jahre kamen immer mehr Asylbewerber nach Deutschland. 1993 wurde das Asylrecht durch eine Änderung des Grundgesetzes eingeschränkt, um so die Zahl der Asylbewerber zu senken.

Nach der Öffnung Osteuropas stieg Anfang der neunziger Jahre auch die Zahl der sog. Spätaussiedler an. So nennt man die Zuwanderer, die die deutsche Staatsbürgerschaft bekommen können, weil ihre Vorfahren vor mehreren Generationen aus Deutschland u. a. nach Russland ausgewandert sind. Im Jahr 2000 wurde die Einbürgerung von Zuwanderern und deren Kindern erleichtert, die Wartezeit für die Einbürgerung wurde verkürzt. Am 1. 1. 2005 trat ein Zuwanderungsgesetz in Kraft, das die Zuwanderung, das Aufenthaltsrecht und den Zugang zum Arbeitsmarkt regelt. Außerdem soll es die Integration fördern. Seit 2005 gibt es Integrationskurse. In den letzten Jahren hat die Zuwanderung nach Deutschland stark zugenommen.

1b **Lesen Sie den Text noch einmal und beantworten Sie die Fragen.**

1. Warum sind im 19. Jahrhundert viele Deutsche ausgewandert?
2. Aus welchen Ländern kamen in den fünfziger und sechziger Jahren die sogenannten Gastarbeiter?
3. Warum hat man 1993 in der Bundesrepublik Deutschland das Grundrecht auf Asyl eingeschränkt?
4. Was wurde im Zuwanderungsgesetz von 2005 neu geregelt?

1933 – 1945:	**Herrschaft der Nationalsozialisten in Deutschland**
30. 1. 1933:	Adolf Hitler wird Reichskanzler.
1935:	Nürnberger Rassengesetze
9. 11. 1938:	Reichspogromnacht
1939 – 1945:	Zweiter Weltkrieg
1. 9. 1939:	Überfall auf Polen
22. 6. 1941:	Überfall auf die Sowjetunion
ab 1941:	systematische Vernichtung der Juden in den Konzentrationslagern
8. 5. 1945:	Kapitulation Deutschlands

1945 – 1949:	**Besatzungszeit**
	Frankreich, Großbritannien, die UdSSR und die USA teilen als Alliierte im Zweiten Weltkrieg Deutschland in vier Besatzungszonen und Berlin in vier Sektoren.
20. 11. 1945 – 30. 9. 1946:	Nürnberger Prozesse gegen die überlebenden Führer der NS-Zeit
24. 6. 1948 – 12. 5. 1949:	Luftbrücke nach West-Berlin

1949 – 1989:	**Die Jahre der Teilung**
23. 5. 1949:	Gründung der Bundesrepublik Deutschland. Wichtige politische Ziele von Konrad Adenauer (Bundeskanzler 1949 – 1963) sind: Westintegration, Aussöhnung mit Frankreich
7. 10. 1949:	Gründung der Deutschen Demokratischen Republik (DDR)
Mai 1955:	Die Bundesrepublik Deutschland wird Mitglied der NATO, die DDR wird Mitglied des Warschauer Paktes.
25. 3. 1957:	Gründung der Europäischen Wirtschaftsgemeinschaft (EWG). Die Bundesrepublik Deutschland ist eines der Gründungmitglieder.
13. 8. 1961:	Bau der Berliner Mauer
ab 1970:	Ostpolitik von Willy Brandt (Bundeskanzler 1969 – 1974)
1973:	Grundlagenvertrag zwischen der Bundesrepublik Deutschland und der DDR
1989:	Ab Sommer 1989 flüchten immer mehr DDR-Bürger in die Bundesrepublik Deutschland. In der DDR kommt es ab September zu Massendemonstrationen.
9. 11. 1989:	Fall der Berliner Mauer
3. 10. 1990:	Wiedervereinigung

	Deutschland seit 1990
1998 – 2005:	Koalition von SPD und Grünen. Bundeskanzler: Gerhard Schröder (SPD)
1999:	Umzug des Bundestages und der Bundesregierung von Bonn nach Berlin
2002:	Der Euro ersetzt in Deutschland die D-Mark. Im Jahr 2015 gehören 19 der 28 EU-Mitgliedsstaaten zum Euroraum.
2005 – 2009:	Koalition von CDU/CSU und SPD. Bundeskanzlerin: Angela Merkel (CDU)
2009 – 2013:	Koalition von CDU/CSU und FDP. Bundeskanzlerin: Angela Merkel
seit 2013:	Koalition von CDU/CSU und SPD. Bundeskanzlerin: Angela Merkel

Wichtige Institutionen der Europäischen Union

Europäische Kommission (Brüssel)
Europäisches Parlament (Straßburg)
Europäischer Gerichtshof (Luxemburg)
Europäische Zentralbank (Frankfurt am Main)

Kreuzen Sie an.

1 Die NSDAP kam im Jahr ... in Deutschland an die Macht.

A ☐ 1929
B ☐ 1933
C ☐ 1935
D ☐ 1939

2 Die Nürnberger Rassengesetze

A ☐ waren für die Integration der Juden wichtig.
B ☐ verboten Ehen zwischen Juden und Nichtjuden.
C ☐ waren der Grund für den Zweiten Weltkrieg.
D ☐ wurden 1935 ungültig.

3 Der Zweite Weltkrieg begann

A ☐ 1935.
B ☐ 1938.
C ☐ 1939.
D ☐ 1941.

4 Der Zweite Weltkrieg endete

A ☐ 1941.
B ☐ 1945.
C ☐ 1948.
D ☐ 1949.

5 Im Juni 1941 hat Deutschland ... überfallen.

A ☐ Polen
B ☐ Österreich
C ☐ die Sowjetunion
D ☐ die USA

6 Die Berliner Luftbrücke

A ☐ war eine Idee der Sowjetunion.
B ☐ war der Grund für den Mauerbau.
C ☐ wurde von den Westalliierten eingerichtet.
D ☐ hat den Zweiten Weltkrieg beendet.

7 Die Alliierten haben

A ☐ die NSDAP zur Regierungspartei gemacht.
B ☐ Deutschland in vier Besatzungszonen geteilt.
C ☐ gegen Konrad Adenauer gekämpft.
D ☐ Berlin zur Hauptstadt von Deutschland gemacht.

8 Die Trümmerfrauen haben

A ☐ die deutschen Städte zerstört.
B ☐ im Krieg gekämpft.

C ☐ gegen die Alliierten protestiert.
D ☐ nach dem Krieg die zerstörten Städte in Deutschland aufgeräumt.

9 **Die Bundesrepublik Deutschland und die DDR wurden ... gegründet.**
A ☐ 1945
B ☐ 1948
C ☐ 1949
D ☐ 1961

10 **Der Volksaufstand in der DDR war am 17. Juni**
A ☐ 1949.
B ☐ 1953.
C ☐ 1955.
D ☐ 1961.

11 **Welche Länder gehören zu den sechs Gründungsmitgliedern der EU?**
A ☐ Dänemark, Frankreich, Großbritannien, Slowenien, Luxemburg, Niederlande
B ☐ Belgien, Deutschland, Frankreich, Italien, Luxemburg, Niederlande
C ☐ Deutschland, Finnland, Frankreich, Italien, Österreich, Schweden
D ☐ Deutschland, Portugal, Großbritannien, Italien, Luxemburg, Griechenland

12 **Die Politik von Willy Brandt nennt man**
A ☐ Westpolitik.
B ☐ DDR-Politik.
C ☐ Polen-Politik.
D ☐ Ostpolitik.

13 **Die Wiedervereinigung war**
A ☐ 1989. B ☐ 1990. C ☐ 1991. D ☐ 1998.

14 **Der erste Bundeskanzler des wiedervereinigten Deutschlands hieß**
A ☐ Helmut Kohl.
B ☐ Konrad Adenauer.
C ☐ Willy Brandt.
D ☐ Erich Honecker.

15 **Die Europäische Kommission sitzt in**
A ☐ Frankfurt.
B ☐ Brüssel.
C ☐ Straßburg.
D ☐ Luxemburg.

16 **Die Europäische Union hat heute ... Mitglieder.**
A ☐ 6
B ☐ 12
C ☐ 16
D ☐ 28

Modul 3

Mensch und Gesellschaft

Alltagskultur

1a Beschreiben Sie die Fotos.

1b Wie kann das Zusammenleben oder die Zusammenarbeit dieser Menschen funktionieren?

Die Leute respektieren sich.

Sie nehmen Rücksicht aufeinander.

Sie hören zu.

2a Was ist für die Menschen in Deutschland wichtig? Sprechen Sie über die Grafik.

Eine Umfrage hat gezeigt, welche Werte den Deutschen am wichtigsten sind.
Hier die ersten acht Plätze:

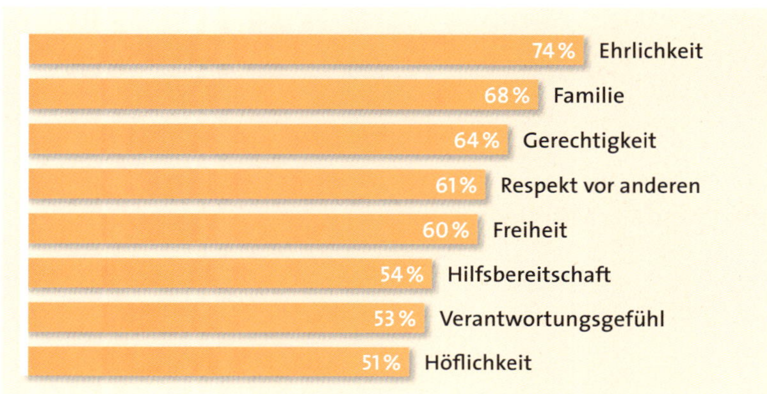

Für die meisten Deutschen ist Ehrlichkeit am wichtigsten.

68 % haben in der Umfrage geantwortet, dass für sie die Familie am wichtigsten ist.

2b Welche Werte finden Sie besonders wichtig? Machen Sie eine Umfrage im Kurs.

2c Gibt es weitere Aspekte, die für Sie eine große Bedeutung haben?

Für mich ist Toleranz sehr wichtig.

Für mich ist wichtig, dass ich Vertrauen in andere haben kann.

3 Worauf legen Sie außerdem Wert? Bilden Sie Gruppen und machen Sie eine Liste. Stellen Sie Ihre Ergebnisse im Kurs vor.

zu Hause/in der Familie	in der Öffentlichkeit	im Beruf
gute Nachbarschaft	*Sicherheit in der U-Bahn*	*nette Kollegen*
…	…	…

4 Diese Themen kommen in Modul 3 vor. Was finden Sie interessant, worüber möchten Sie gerne mehr erfahren? Wählen Sie ein Thema aus und schreiben Sie Fragen. Die Stichworte helfen.

Familie und andere Formen des Zusammenlebens

Kinder – Großfamilie – Ehepartner – verheiratet – unverheiratet – verschiedene Partnerschaftsformen – Verständnis – Hilfe – Schutz – Sicherheit

Rollenverständnis von Mann und Frau

Aufgabenteilung – gleiche Rechte – Beruf – Kinderbetreuung – Berufschancen – Bildungschancen – Respekt

Erziehung und Bildung

Fortbildung – lebenslanges Lernen – Erziehung – Schule – Kinder – Eltern – Lehrer – Förderung – Ausbildung – Studium

Toleranz und Zusammenleben

Regeln – Gewohnheiten – kulturelle Unterschiede – Konfliktlösung – Zeit – Erwartungen

Religiöse Vielfalt

Toleranz – Religionsfreiheit – Feiertage – Religionsgemeinschaften – Religionsunterricht

5 Was wissen Sie über die Alltagskultur in Deutschland?

242

	R	F
1. In Deutschland sind die meisten Menschen Mitglied in den christlichen Kirchen.	☐	☐
2. Wenn man um 20:00 Uhr zu einem Fest eingeladen ist, sollte man eine halbe Stunde früher kommen.	☐	☐
3. Wenn eine verheiratete Frau arbeiten will, muss der Ehemann zustimmen.	☐	☐
4. Man sollte immer pünktlich am Arbeitsplatz sein.	☐	☐
5. In Deutschland entscheidet der Staat, ob ein Kind in den Kindergarten gehen muss.	☐	☐
6. Kinder ab dem ersten Lebensjahr haben in Deutschland einen Anspruch auf einen Betreuungsplatz.	☐	☐
7. In Deutschland sind die Geschäfte sonntags meistens geschlossen.	☐	☐

Zwischen den Kulturen?

1a Lesen Sie die Texte. Woher kommen die Personen? Unterstreichen Sie.

1. Giancarlo Grosso
Ich bin in Deutschland geboren. Meine Eltern sind in den sechziger Jahren aus Syrakus in Italien nach Stuttgart gekommen, um hier zu arbeiten. Sie sind jetzt in Rente und leben wieder in Italien, aber ich bin hier geblieben. Für mich ist das Leben in Deutschland leichter als in Italien, denn hier kenne ich die Alltagsregeln und das Heimatland meiner Eltern besuche ich nur im Urlaub. Aber ich fühle mich auch als Italiener. Ich habe noch immer einen italienischen Pass und ich will ihn auch behalten.

2. Wang Lan
Ich komme aus China und lebe seit 2009 in Deutschland. Zuerst war ich Au-pair. Nach meinem Au-pair-Jahr habe ich Deutschkurse besucht und dann studiert. An der Uni habe ich meinen Mann kennengelernt. Ich lebe gern in Deutschland, aber ich mag China auch. Ich reise oft dorthin. Jedes Jahr bin ich mindestens vier Monate in meiner Heimat.

3. Samar Dschuma
Ich bin mit meiner Familie 2010 aus dem Irak nach Deutschland gekommen. Wir sind Christen und hatten im Irak große Probleme. Meine älteste Tochter ist jetzt in der Grundschule und spricht schon besser Deutsch als ich. Ich bin froh, dass ich jetzt in Deutschland bin, denn hier ist das Leben für uns sicherer. Aber ich kann meine Heimat nicht vergessen.

4. Sergej Sizov
Ich bin 1993 als Spätaussiedler aus Kasachstan nach Deutschland gekommen. Ich war damals zehn Jahre alt. Ich wollte eigentlich in Kasachstan bleiben, aber meine Eltern wollten nach Deutschland, denn mein Onkel und meine Großeltern waren schon hier. Heute ist Deutschland meine Heimat. Ich habe einen guten Beruf als Bürokaufmann und ich spreche besser Deutsch als Russisch. Das finde ich aber auch schade, denn Russisch ist die Sprache meiner Kindheit.

5. Antonio Díaz
Ich komme aus Mexiko und lebe seit 2006 in Deutschland. Ich habe mein Ingenieursstudium in Berlin abgeschlossen und bin dann hier geblieben, weil ich Arbeit gefunden habe. Meine Frau ist Deutsche und ich habe seit einem Jahr auch den deutschen Pass. Wir haben eine zweijährige Tochter. Wir sprechen mit ihr nur Deutsch, aber ich möchte gerne, dass sie später auch meine Muttersprache Spanisch lernt, damit sie sich mit ihren Großeltern, Cousins und Cousinen in Mexiko unterhalten kann. Ich bin in Deutschland sehr glücklich, aber mir fehlt das mexikanische Essen. Hier gibt es zwar viele mexikanische Restaurants, aber das Essen dort ist eigentlich nicht typisch mexikanisch.

1b Lesen Sie die Texte noch einmal und kreuzen Sie an: richtig oder falsch?

		R	F
1.	Giancarlo kennt Deutschland besser als Italien.	☐	☐
2.	Er hat einen deutschen Pass.	☐	☐
3.	Wang Lan möchte wieder in ihrer Heimat leben.	☐	☐
4.	Samar Dschuma findet das Leben in Deutschland schlechter als in ihrer Heimat.	☐	☐
5.	Sergej fühlt sich in Deutschland zu Hause.	☐	☐
6.	Er würde gerne besser Deutsch sprechen.	☐	☐
7.	Antonios Tochter soll auch Spanisch lernen.	☐	☐
8.	Antonio vermisst das mexikanische Essen.	☐	☐

2 Was möchten Sie von der Kultur Ihres Heimatlandes nicht aufgeben, wenn Sie in Deutschland bleiben?

3 Lesen Sie den Text und beantworten Sie die Fragen.

Im Jahr 1970 betrug der Anteil der ausländischen Bevölkerung in der Bundesrepublik Deutschland 4,3 Prozent. Das waren 2,6 Millionen Menschen. Die meisten von ihnen waren die sogenannten Gastarbeiter, die seit Mitte der fünfziger Jahre (zunächst aus Italien) nach Deutschland gekommen waren. In der ehemaligen DDR arbeiteten vor allem Menschen aus Polen, Mosambik und Vietnam als Vertragsarbeiter.

Ende Dezember 2015 lebten 9,11 Millionen Ausländer in Deutschland, das waren 11,1 % der Gesamtbevölkerung. Den höchsten Ausländeranteil hatten die Stadtstaaten (Berlin: 16,3 %, Hamburg 15,4 %, Bremen: 15,9 %) sowie Hessen (15,1 %) In den fünf neuen Bundesländern liegt der Ausländeranteil jeweils knapp unter 4 Prozent.

297 Die größte Gruppe ausländischer Mitbürger bilden mit fast 1,5 Millionen Menschen heute Personen mit türkischem Pass, an zweiter Stelle Menschen aus dem früheren Jugoslawien und an dritter Stelle stehen Italiener.

Diese Zahlen sagen wenig über die Migration bzw. die Zuwanderung nach Deutschland und über Migranten aus, also über Menschen, die nach Deutschland zugewandert sind. In den letzten Jahren und Jahrzehnten sind z. B. viele Menschen als Spätaussiedler aus der ehemaligen Sowjetunion nach Deutschland gekommen und sie besitzen die deutsche Staatsangehörigkeit. Viele Ausländer wurden eingebürgert, d. h. sie haben jetzt einen deutschen Pass. Deshalb tauchen sie in den Statistiken über Ausländer nicht mehr auf. Andererseits gibt es Personen, die in Deutschland geboren und zur Schule gegangen sind, aber keinen deutschen Pass haben. Im Jahr 2015 hatten 21 % der Einwohner Deutschlands einen Migrationshintergrund, d. h. er oder sie war selbst zugewandert oder hatte mindestens einen zugewanderten Elternteil.

(Quelle: Statistisches Bundesamt, Stand: 31. 12. 2015)

1. Welche Bundesländer haben einen hohen Ausländeranteil?
2. In welchen Bundesländern gibt es wenige Ausländer?
3. Was versteht man unter Migranten?

4 Lesen Sie die Texte. Was sagen die Personen über Migration und Veränderungen?

1. Susanne Schlesier

Ich bin im Jahr 1958 geboren und kann mich sehr gut daran erinnern, dass noch vor vierzig Jahren viel weniger Ausländer oder Menschen mit Migrationshintergrund in Deutschland gelebt haben. In meiner Schulzeit von 1965–1977 gab es von der Grundschule bis zum Gymnasium nur drei Personen aus dem Ausland: aus Thailand, Griechenland und der damaligen Tschechoslowakei, heute ist das anders. Es ist normal, wenn in den Schulen von der Grundschule bis zum Gymnasium Schüler aus ganz verschiedenen Nationen sind. Ich erinnere mich auch noch, wie Anfang der siebziger Jahre die ersten griechischen, türkischen und italienischen Restaurants in Deutschland eröffneten; es war am Anfang fast ein kleines Abenteuer, mal eine andere Küche als die deutsche zu probieren.

2. Per Schmidt

In meinem Heimatdorf in der Lüneburger Heide hat die Zuwanderung von den Spätaussiedlern aus der ehemaligen Sowjetunion vor allem positive Folgen gehabt. Meine Heimatgemeinde hatte das Problem, dass immer mehr Menschen weggezogen sind, weil sie in Städten wie Hamburg oder Hannover Arbeit hatten. Als dann die Spätaussiedler mit ihren Familien kamen, musste die Schule nicht schließen, die Apotheke und die Post blieben im Dorf, das Lebensmittelgeschäft konnte sein Angebot erweitern und es haben zwei neue Supermärkte eröffnet.

3. Ali Demirbürker

Ich bin 1980 aus der Türkei nach Deutschland gekommen. Ich habe hier Wirtschaft studiert und arbeite heute als selbstständiger Buchhalter. Als ich nach Freiburg kam, gab es hier nur ein türkisches Lebensmittelgeschäft und es lebten so wenig Türken in der Stadt, dass sich alle kannten. Das ist heute ganz anders. Türkische Restaurants sind in Deutschland Teil der Esskultur für alle und es leben auch insgesamt viel mehr Türken hier. Es gibt auch sehr viele türkische Selbstständige hier. Oft machen sich Leute aus der Türkei zum Beispiel mit einem Imbiss oder einer Transportfirma selbständig, weil sie keine gute Ausbildung haben und somit auch wenig Chancen auf eine gut bezahlte feste Stelle. Das ist meine Marktlücke. Diese Leute kennen sich meistens nicht gut mit den deutschen Gesetzen und Regeln aus und kommen dann zu mir, damit ich für sie die Buchhaltung mache. Sie haben Vertrauen zu mir, denn ich kenne ihre Mentalität und wir sprechen dieselbe Sprache.

5 Diskutieren Sie: Welche Veränderungen gibt es Ihrer Meinung nach durch die Migration in Deutschland?

Eine sehr deutliche Veränderung sind natürlich die vielen ausländischen Restaurants in Deutschland.

Ich denke, dass sich durch die Migration auch in den Schulen viel verändert hat.

Die Veränderungen sind sicher auch davon abhängig, aus welchen Ländern die Zuwanderer kommen.

Zusammenleben und Familie

1 **Wie leben die Menschen in Deutschland in der Partnerschaft zusammen? Was haben Sie beobachtet? Welche Unterschiede und Gemeinsamkeiten gibt es zu Ihrem Heimatland?**

Mir ist aufgefallen, dass viele Ehepaare keine Kinder oder nur ein Kind haben.

Erstaunlich ist, dass viele ältere Menschen allein leben.

In meiner Nachbarschaft gibt es viele Alleinerziehende.

2a **In welchen Lebensformen leben diese Personen? Lesen Sie die Texte und ordnen Sie die Fotos zu.**

A ☐ *nicht verheiratetes Paar*

B ☐ *alleinerziehende Mutter*

C ☐ *Single*

D ☐ *gleichgeschlechtliche Partnerschaft*

E ☐ *traditionelle Familie*

F ☐ *Patchworkfamilie*

1. Wir leben seit vier Jahren zusammen und wir wollen auch Kinder haben. Wir sind nicht verheiratet und wollen auch nicht heiraten. Die Ehe ist für uns nicht so wichtig. Für uns ist wichtiger, dass wir uns gut verstehen.
2. Wir kennen uns seit acht Jahren und sind seit sechs Jahren verheiratet. Wir haben zwei Kinder. Wir finden, dass es für die Kinder am besten ist, wenn die Eltern verheiratet sind. Die Ehe gibt uns und unseren Kindern Sicherheit.
3. Ich bin seit drei Jahren geschieden. Die Kinder sind bei mir geblieben. Mein Leben als Alleinerziehende ist nicht einfach, trotzdem ist die Situation besser als früher. Mein Mann und ich hatten oft Streit und das war auch für die Kinder nicht gut. Alle zwei Wochen gehen sie am Wochenende zu ihrem Vater. Dann habe ich Zeit für mich.
4. Wir leben seit einem Jahr zusammen und wollen zusammen bleiben. Wir wollen unsere Partnerschaft beim Standesamt eintragen lassen. Dann haben wir zwar keine richtige Ehe, die ist in Deutschland nur zwischen einer Frau und einem Mann möglich, aber wir sind verpartnert und das gibt uns mehr Sicherheit.
5. Ich bin nicht verheiratet und das war ich auch nie. Ich hatte oft Freundinnen, aber nie für mehr als ein Jahr. Ich denke, dass ich am glücklichsten bin, wenn ich allein lebe. Neulich habe ich gelesen, dass Haushalte mit einem Erwachsenen, also Single-Haushalte, die häufigste Haushaltsform in Deutschland ist.
6. Ich bin zum zweiten Mal verheiratet. Wir sind jetzt eine richtige Patchworkfamilie mit fünf Kindern. Bei uns leben meine eigenen drei Kinder aus der ersten Ehe und auch die beiden Kinder von meiner Frau, die auch schon einmal verheiratet war.

2b **Lesen Sie die Texte noch einmal. Was sagen die Personen über Ehe, Partnerschaft und Kinder?**

3 Was bedeutet Familie für Sie? Diskutieren Sie. Die Stichwörter können Ihnen helfen.

Sicherheit – Vertrauen – Hilfe – Konflikte – Tradition – Kindererziehung

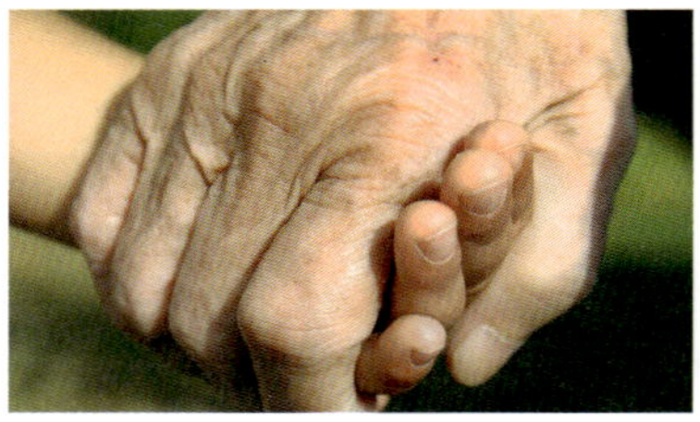

Familie bedeutet Sicherheit.

Kinder brauchen die Familie.

Familie – das sind für mich die Menschen, die ich am besten kenne.

4 Lesen Sie den Artikel 6 des Grundgesetzes und ordnen Sie die Erklärungen zu.

247–249

(1) Ehe und Familie stehen unter dem besonderen Schutze der staatlichen Ordnung.

(2) Pflege und Erziehung der Kinder sind das natürliche Recht der Eltern und die zuvörderst ihnen obliegende Pflicht. Über ihre Betätigung wacht die staatliche Gemeinschaft.

(3) Gegen den Willen der Erziehungsberechtigten dürfen Kinder nur auf Grund eines Gesetzes von der Familie getrennt werden, wenn die Erziehungsberechtigten versagen oder wenn die Kinder aus anderen Gründen zu verwahrlosen drohen.

(4) Jede Mutter hat Anspruch auf den Schutz und die Fürsorge der Gemeinschaft.

(5) Den unehelichen Kindern sind durch die Gesetzgebung die gleichen Bedingungen für ihre leibliche und seelische Entwicklung und ihre Stellung in der Gesellschaft zu schaffen wie den ehelichen Kindern.

1. Es darf keine Unterschiede zwischen ehelichen und unehelichen Kindern geben. *Absatz:* 5
2. Der Staat schützt die Ehe und die Familie, das heißt Eltern und ihre Kinder. Als Familie versteht man aber nicht nur Ehepaare mit Kindern. Auch nicht verheiratete Paare mit Kindern und Alleinerziehende gelten mit ihren Kindern als Familie und bekommen dieselben Hilfen für ihre Kinder wie verheiratete Paare. *Absatz:* 1
3. Mütter sind besonders geschützt. Ein Beispiel dafür ist der Mutterschutz. Schwangere Frauen bekommen ihn sechs Wochen vor der Geburt und acht Wochen nach der Geburt. Sie bekommen ihr Gehalt weiter und der Arbeitgeber darf ihnen nicht kündigen. *Absatz:* 4
4. Die Kindererziehung ist das Recht und die Pflicht der Eltern. *Absatz:* 2
5. Der Staat darf Kinder nur dann von ihren Eltern trennen, wenn die Eltern sich nicht um die Kinder kümmern. *Absatz:* 3

5 Sollen Kinderrechte im Grundgesetz stehen? Lesen Sie die Sätze und diskutieren Sie im Kurs.

Kinderrechte gehören ins Grundgesetz!
Machen Sie bei der Online-Petition mit!

Ihre Stimme zählt, damit ...
- Staat und Gesellschaft das Wohl der Kinder in den Mittelpunkt stellen.
- Kinder als eigenständige Persönlichkeiten anerkannt werden.
- die Förderung und der Schutz für Kinder verbessert werden.
- Kinder gehört und beteiligt werden, wenn es um ihre Belange geht.

Ich bin dafür, dass die Rechte von Kindern ins Grundgesetz kommen.

Ich bin dagegen. Nur die Erwachsenen wissen, was für Kinder gut ist.

Gleichberechtigung und Gleichbehandlung

1a (7)

17, 242, 248, 249, 252, 267, 272, 277, 278, 281, 289

Zwei Personen haben die Aufgabe, zwei Fotos für ein Plakat mit dem Thema Männer und Frauen heute auszuwählen. Hören Sie zu. Welche Fotos wählen der Mann und die Frau aus? Warum wählen sie diese Fotos aus?

A

B

C

D

E

F

G

1b (7)

Diese Aussagen sind falsch. Hören Sie noch einmal und korrigieren Sie die Aussagen.

1. Der Mann und die Frau meinen, dass nur Männer Soldaten sein sollten.
2. Ihrer Meinung nach passt Foto E gar nicht zu der Beziehung zwischen Männern und Frauen im Arbeitsleben.
3. Sie finden, dass sich der Mann auf Foto B gegenüber der Frau respektlos verhält.
4. Ihrer Meinung nach sollte nur die Mutter für die Kindererziehung verantwortlich sein.

2 **Welche Fotos würden Sie auswählen? Machen Sie Notizen und diskutieren Sie im Kurs.**

Meiner Meinung nach ist Foto … besonders geeignet, weil …

Ich denke, keins von den Fotos passt. Ich würde eher …

Ich finde das Foto … passend, denn …

3a Lesen Sie die Texte und kreuzen Sie an: richtig oder falsch?

1. Ferdinand, 33:
Ich bin verheiratet und wir haben ein Kind, das jetzt zwei Jahre alt ist. Nach der Geburt hat meine Frau mit der Arbeit in der Firma aufgehört und ist zu Hause geblieben, um sich um das Kind zu kümmern. Jetzt mache ich das und meine Frau arbeitet wieder.

2. Sonja, 21:
Ich habe eine Ausbildung als Bürokauffrau und arbeite jetzt in einem Reisebüro. Ich möchte heiraten, aber erst nach einigen Jahren im Beruf. Wenn ich dann ein Kind bekomme, wird es einfacher, nach der Babypause wieder in den Beruf einzusteigen. Ich will nicht mein ganzes Leben von meinem Mann finanziell abhängig sein.

3. Maria, 45:
Ich bin Industriearbeiterin in einer Fabrik. Meine Kolleginnen in der Produktion sind fast nur Frauen und unsere Vorgesetzten waren viele Jahre lang nur Männer. Das ist jetzt anders. Seit einem Jahr haben wir eine Frau als Vorgesetzte. Aber ganz oben in der Direktion ist es so wie immer. Alle Chefs sind Männer.

4. Silke, 32:
Ich finde, dass Gleichberechtigung schon sehr früh anfangen muss, nämlich mit der Bildung. Es ist gut, dass Jungen und Mädchen in Deutschland heute gleiche Bildungschancen haben. Das war nicht immer so. Früher haben Mädchen seltener Abitur gemacht und studiert. Ich konnte studieren und bin jetzt Rechtsanwältin. Ich glaube, das war vor 60 Jahren anders. Damals hat man oft gesagt, dass Mädchen kein Abitur und keine gute Ausbildung brauchen, weil sie sowieso heiraten.

	R	F
1. Ferdinand will sich nicht um sein Kind kümmern.	☐	☑
2. Sonja möchte nicht gleich nach der Ausbildung heiraten.	☑	☐
3. Maria ist die Chefin von einer Firma.	☐	☑
4. Silke konnte nicht studieren.	☐	☑

3b Lesen Sie die Texte noch einmal. Was erfahren Sie über die Gleichberechtigung von Frauen und Männern?

3c Gleichberechtigung in der Familie und im Berufsleben. Was bedeutet das? Machen Sie eine Liste.

Familie	Beruf
Der Mann und die Frau kümmern sich gemeinsam um den Haushalt. ...	Für Männer und Frauen gibt es bei den Bildungs- und Karrierechancen keine Unterschiede. ...

4 Was stimmt? Kreuzen Sie an.

246

1. Gleichberechtigung in der Ehe und Familie

- A ☑ Bei einer Heirat behält die Frau ihr eigenes Vermögen.
- B ☐ Bei einer Heirat entscheidet der Mann über das Vermögen der Frau.
- C ☐ Der Ehemann entscheidet, welchen Familiennamen das Ehepaar haben soll.
- D ☑ Frauen können auch in einer Ehe den Familiennamen ihrer Eltern behalten.
- E ☑ In der Ehe gilt das Partnerschaftsprinzip. Es gibt kein Gesetz, das die Aufgaben von Ehemännern und Ehefrauen regelt.
- F ☐ Der Staat legt in Gesetzen fest, welche Aufgaben Männer und Frauen in der Ehe haben.
- G ☐ Nur der Mann darf beim Standesamt eine Eheschließung anmelden.
- H ☑ Mann und Frau dürfen beim Standesamt eine Eheschließung anmelden.

Mit 18 Jahren ist man in Deutschland volljährig.

- I ☑ Dann können die Eltern den Kindern nichts mehr verbieten. Die Söhne und Töchter können selbst entscheiden, ob sie bei den Eltern wohnen wollen und wen sie als Freund oder Freundin oder Ehepartner wählen.
- J ☐ Dann können die Eltern ihren Söhnen nichts mehr verbieten, aber sie dürfen mitentscheiden, wenn die Töchter mit einem Freund zusammenziehen oder heiraten wollen.

2. Gleichberechtigung im öffentlichen Leben

- A ☑ In Behörden, Gemeinden oder auch Unternehmen gibt es Gleichstellungsbeauftragte. Sie kümmern sich darum, dass Frauen und Männer gleiche Chancen und gleiche Arbeitsbedingungen haben.
- B ☐ In einigen Gemeinden gibt es Männerbeauftragte. Sie passen auf, dass Männer keine Nachteile gegenüber Frauen haben.
- C ☑ Arbeitgeber dürfen in Stellenanzeigen nicht schreiben, dass sie lieber einen Mann oder einen Frau einstellen möchten.
- D ☐ Es gibt Berufe, in denen nur Männer arbeiten dürfen.

5 Vergleichen Sie die Situation in Deutschland mit Ihrem Heimatland. Welche Rechte haben Frauen und Männer? Wo gibt es Unterschiede oder Gemeinsamkeiten?

6 Lesen Sie Absatz 3 von Artikel 3 des Grundgesetzes und die Anzeigen. Wo wird gegen den Gleichbehandlungsgrundsatz verstoßen?

262, 267, 277, 278, 281, 289

(3) Niemand darf wegen seines Geschlechtes, seiner Abstammung, seiner Rasse, seiner Sprache, seiner Heimat und Herkunft, seines Glaubens, seiner religiösen oder politischen Anschauungen benachteiligt oder bevorzugt werden. Niemand darf wegen seiner Behinderung benachteiligt werden.

1. Wir suchen deutsche Mitarbeiter für unseren Supermarkt in Teilzeit. Arbeitszeit: Montag – Freitag 8:00 – 12:00 Uhr. Tel. [redacted]

2. **GESUCHT:** Reinigungskräfte für ein Bürogebäude, morgens von 6:00 bis 8:00 Uhr, montags bis freitags. Deutschkenntnisse erforderlich. Tel. [redacted]

3. **Wir suchen für eine Fluggesellschaft attraktive Flugbegleiterinnen bis 30 Jahre. Tel.** [redacted]

4. Autohaus Dreisam sucht Büromitarbeiter/in. Behinderte werden bei gleicher Eignung bevorzugt. Tel. [redacted]

Kindererziehung, Elternhaus und Schule

1 Was bedeutet Erziehung? Kreuzen Sie an und diskutieren Sie über Ihre Ergebnisse.

1. ☐ Wenn sich die Eltern wenig um die Kinder kümmern, lernen die Kinder am besten.
2. ☐ Man bereitet die Kinder auf das Leben vor.
3. ☐ Die Kinder lernen, was richtig und falsch ist.
4. ☐ Die Kinder lernen, andere zu respektieren.
5. ☐ Die Kinder lernen, wie man schnell einen Arbeitsplatz findet.
6. ☐ Man liest den Kindern Geschichten vor.
7. ☐ Mädchen sollten andere Regeln lernen als Jungen.
8. ☐ Erziehung findet auch in der Schule und im Kindergarten statt.

2 Betrachten Sie die Fotos. Wer erzieht die Kinder? Wo findet die Erziehung statt?

95, 242, 248, 249, 269

Kindergarden, Kita

in der Schule

Auf Foto A ist ein Kindergarten zu sehen. Hier betreuen die Erzieher die Kinder.

Auf Foto C kümmert sich die Großmutter um das Kind. Vielleicht arbeiten die Eltern.

3a Lesen Sie den Text. Was sagt Frau Coutinho über die Kindererziehung in Brasilien?

In meinem Heimatland Brasilien sind die Verwandten, z. B. die Großeltern oder Onkel und Tanten für die Kindererzeihung wichtig. Wenn es möglich ist, kümmern sie sich um die Kinder, wenn die Eltern arbeiten müssen. Wenn das nicht möglich ist, gehen die Kinder auch in die Kita. In Familien mit vielen Kindern passen oft auch die älteren Geschwister auf die jüngeren auf. Allerdings können die Eltern Probleme mit dem Jugendamt bekommen, wenn etwas passiert. Wohlhabende Familien haben oft ein Kindermädchen.

3b Wer kümmert sich in Ihrem Heimatland um die Erziehung der Kinder?

4 Wie kann man Kinder in der Erziehung unterstützen? Diskutieren Sie über die Meinungen und sammeln Sie weitere Ideen.

251

Man sollte Geduld haben, wenn Kinder viel fragen. Das ist gut für die Motivation.

Bei Erziehungsproblemen kann auch die Beratungsstelle vom Jugendamt helfen.

Manchmal sollte man streng mit den Kindern sein.

Kinder müssen Regeln lernen.

Das stimmt. Aber sie müssen auch verstehen, warum Regeln wichtig sind.

Man muss Kindern klar und deutlich sagen, was richtig und falsch ist.

Aber man darf sie nicht schlagen. Die Prügelstrafe ist in Deutschland verboten.

5 **Erziehungsziele in Deutschland. Ordnen Sie zu. Kontrollieren Sie ihre Ergebnisse anschließend mit den Lösungen im Anhang.**

Verantwortung – Respekt und Toleranz – Selbstbestimmung – Motivation

1. Kinder sollen mit Interesse lernen. Sie sollen verstehen, dass die Dinge, die sie lernen, für das eigene Leben wichtig sind: ____________.
2. Kinder sollen lernen, eigene Entscheidungen zu treffen: ____________.
3. Kinder sollen lernen, andere Menschen zu respektieren. Sie sollen lernen, dass die Menschen auf der Welt verschieden sind und verschieden leben: ____________.
4. Kinder sollen lernen und verstehen, dass das, was sie tun, auch für andere Menschen von Bedeutung ist. Sie sollen lernen, so zu handeln, dass sie anderen Menschen nicht schaden: ____________.

6 **In welchen Situationen sind diese Werte wichtig? Sammeln Sie Beispiele.**

In Deutschland ist für viele Menschen der Umweltschutz sehr wichtig. Deshalb sollen die Kinder auch Respekt gegenüber der Natur lernen.

In der Familie bedeutet Verantwortung, dass die Eltern ihre Kinder versorgen und sie in die Schule schicken.

7a **Ein Elterngespräch in der Schule. Worüber reden Eltern und Lehrern bei diesen Gesprächen? Sammeln Sie im Kurs und machen Sie eine Liste.**

- *Verhalten der Schüler*
- *die weiterführende Schule nach der Grundschule*
- *Probleme in der Familie*
- ...

8 **7b** **Hören Sie das Gespräch. Haben Sie in 7a auch dieses Thema genannt?**

8 **7c** **Hören Sie noch einmal. Was ist richtig? Markieren Sie.**

1. **A** ☐ William kann nicht so gut Deutsch sprechen.
   B ☑ Er kann nicht so gut Deutsch schreiben.
2. **A** ☐ Der Vater soll dem Sohn Förderunterricht geben.
   B ☑ Die Schule bietet Förderunterricht an.

8 Wie sollen Eltern ihre Kinder erziehen? Lesen Sie die Texte und beantworten Sie die Fragen.

1. Stefan Altmann, Lehrer

Wir Lehrer sind dafür verantwortlich, dass die Schüler in den einzelnen Fächern das Richtige lernen. Aber die Kinder sollen nicht nur Fachwissen lernen, sondern auf das Leben als Erwachsene vorbereitet werden. Dafür sind auch die Eltern verantwortlich, nicht nur die Schule. Für uns Lehrer ist wichtig, dass sich die Eltern für das Schulleben ihrer Kinder interessieren. Dann wird es für die Kinder auch leichter, einen Schulabschluss zu machen. Ohne Abschluss haben sie auf dem Arbeitsmarkt keine Chance.

2. Anja Dürr, Einzelhandelskauffrau

Mein Sohn ist jetzt im Gymnasium in der 5. Klasse. Für ihn ist das oft nicht leicht und auch ich verstehe nicht immer alles, was er dort lernt, zum Beispiel in Mathematik und Französisch. Aber ich schaue am Nachmittag, ob er seine Hausaufgaben macht, und kontrolliere am Morgen, ob er alles für den Schultag eingepackt hat. Ich habe ihm gesagt, dass er seine Fehler genau anschauen soll, wenn eine Klassenarbeit mal nicht so gut war. Das macht er seit einiger Zeit und seine Ergebnisse sind jetzt besser geworden.

3. Roman Hartung, Schüler

Vor zwei Jahren haben sich meine Eltern scheiden lassen. Das war auch für mich nicht leicht und ich hatte in der Schule sehr schlechte Noten. Meine Mutter hat meinen Vertrauenslehrer angerufen und wir haben zu dritt über die Situation gesprochen. Der Lehrer hat dann dafür gesorgt, dass ich die Klasse nicht wiederholen muss. Jetzt mache ich bald das Abitur.

1. Was sagt Herr Altmann über die Aufgaben der Schule?
2. Wofür sind auch die Eltern verantwortlich?
3. Warum ist ein Schulabschluss wichtig?
4. Was kontrolliert Frau Dürr am Morgen und am Nachmittag?
5. Was hat sie ihrem Sohn nach schlechten Klassenarbeiten geraten?
6. In welchen Fächern kann Frau Dürr ihrem Sohn nicht helfen?
7. Warum hatte Roman Hartung in der Schule schlechte Noten?
8. Mit wem haben er und seine Mutter in der Schule gesprochen?
9. Wie hat der Lehrer Roman Hartung geholfen?

9 Was können Eltern tun, damit ihre Kinder in der Schule Erfolg haben? Machen Sie eine Liste. Arbeiten Sie zu zweit und diskutieren Sie über Ihre Ergebnisse im Kurs.

– morgens nachschauen, ob die Kinder alles für den Schultag eingepackt haben
...

Aber die Eltern sollten ... | *Ich finde, dass ...* | *Wir meinen, dass ...*

Weiterbildung

1 Lesen Sie die Texte und beantworten Sie die Fragen.

284

1. Ariane Felgendreher, Hausärztin
In meinem Beruf gibt es ständig Veränderungen. Zum Beispiel kommen neue Medikamente auf den Markt, es gibt neue Behandlungsmethoden und wir müssen auch immer damit rechnen, dass neue Patientengruppen zum Beispiel aus anderen Ländern mit Beschwerden und Krankheiten zu uns kommen, die wir noch nicht so gut kennen. Darum nehme ich ungefähr zweimal pro Jahr an Weiterbildungen teil.

2. Luis Alvarez, Grundschullehrer
Man könnte glauben, dass wir Grundschullehrer in unserem Unterricht immer dieselben Themen unterrichten. Aber das stimmt nicht. Es gibt viele Weiterbildungsangebote für uns Lehrer zum Beispiel über die elektronischen Medien, Veränderungen in den Lehrplänen, neue Unterrichtsmethoden oder dafür, wie man Kinder besser fördern kann. Ich nehme gern an solchen Fortbildungen teil und habe dabei viel gelernt.

3. Kurt Winkler, Elektriker
Ich habe einen kleinen Elektrobetrieb mit 8 Mitarbeitern. Im Bereich Elektronik und Telekommunikation gibt es ständig Veränderungen und Modernisierungen und es ist sehr wichtig, dass meine Mitarbeiter und ich immer gut informiert sind. Deshalb nehmen wir regelmäßig an Fortbildungen teil. Aber auch für Buchführung und Qualitätssicherung gibt es Fortbildungsangebote. Ich selbst habe vor einiger Zeit an einem Seminar für Qualitätssicherung teilgenommen, denn wir müssen immer gute Arbeit abliefern. Die Kunden sollen mit unserer Arbeit zufrieden sein und wenn die Qualität unserer Arbeit stimmt, bieten wir zugleich Sicherheit.

4. Burak Turan, Autoverkäufer
Ich habe den Beruf Mechatroniker gelernt und danach verschiedene Fortbildungen gemacht, so dass ich jetzt Autoverkäufer in einem großen Chemnitzer Autohaus bin. Bei der Autotechnik gibt es immer Veränderungen: Heute diskutiert man viel über umweltfreundlichere Autos und sicher wird es in Zukunft mehr Elektroautos geben. Dazu bieten die Autohersteller Weiterbildungen an, aber auch wenn es neue Automodelle auf den Markt kommen, gibt es mehrtätige Seminare, auf denen die Autoverkäufer aus ganz Deutschland informiert werden.

1b Lesen Sie die Texte noch einmal und beantworten Sie die Fragen.

1. Warum finden die Personen Fortbildung wichtig?
2. Welche Beispiele für Fortbildungen in ihren Berufen nennen sie?

2 Welche Bildungsangebote passen zu den Personen? Ordnen Sie zu.

244, 257, 261

E 1. Ich habe eine Ausbildung zum Malergesellen gemacht und will jetzt die Meisterprüfung absolvieren. Dann kann ich eine eigene Malerfirma eröffnen und junge Leute in dem Beruf ausbilden.

F 2. Ich habe nach der Realschule eine Krankenpflegeausbildung gemacht. Medizin interessiert mich sehr. Jetzt will ich das Abitur machen, damit ich Medizin studieren und Arzt werden kann.

A 3. Seit einem Jahr bin ich arbeitslos und es ist schwer, in meinem gelernten Beruf eine Stelle zu finden. Ich will jetzt einen neuen Beruf lernen.

D 4. In meinem Heimatland war ich Erzieherin. Ich würde auch hier in Deutschland gerne als Erzieherin arbeiten. Ich mache jetzt einen Deutschkurs, und wenn ich gut genug Deutsch spreche, will ich versuchen, noch einmal eine Ausbildung zu machen.

B 5. In unserer Firma gibt es ständig etwas Neues und wir Mitarbeiter müssen immer dazulernen. Bald wird ein neues Computerprogramm eingeführt, aber ich weiß noch nicht, wie es funktioniert. Zum Glück bietet unsere Firma einen Kurs an.

A

www.

Varte Akademie
Lebenslanges Lernen – Wir unterstützen Sie

Unser Angebot:
- Umschulungen
- EDV
- Kommunikation
- Marketing und Vertrieb
- Angebote für Fach- und Führungskräfte

Neue Umschulung zum/r Verkäufer/-in im Einzelhandel mit IHK-Abschluss

Zielgruppe und Zugangsvoraussetzungen:
Diese Umschulung mit IHK-Abschluss richtet sich an alle, die Interesse an einer Tätigkeit im Handel besitzen. Durch diese Umschulung – verbunden mit der praktischen Ausbildung in unseren Partnerunternehmen - erhöhen sich die Übernahme- und Vermittlungschancen erheblich. Bei persönlicher Eignung sind nach erfolgreichem IHK-Abschluss die Aufstiegsmöglichkeiten zum/r Kaufmann/frau im Einzelhandel gegeben.

B

Einführung in unser neues System XCQL

An alle Mitarbeiter!

Ab dem 1. Juli stellen wir unser Verwaltungssystem um. Das System ZKQ wird abgeschaltet, wir arbeiten dann mit XCQL.

Dazu bieten wir Informationen und eine Einführung in die Grundlagen des Systems an.

Termin:
Freitag, 14.5. im Konferenzsaal, von 10.00 bis 17.00 Uhr.

C

www.

Willkommen am Abendgymnasium Stuttgart

▶ Das Abendgymnasium Stuttgart ermöglicht jungen und älteren Erwachsenen, das Abitur abzulegen.

D

Erzieher/Erzieherin (staatlich anerkannt) in Freudenstadt

Schulbildung: Mittlere Reife, Deutsch: 3, Mathe: 3

Bewerbungsadresse:
Stadtverwaltung Freudenstadt, 140, 72231 Freudenstadt
Tel.: +49 7441 890280

E

www.

Meisterausbildung für Maler und Lackierer

▶ Klicken Sie hier für weitere Informationen: Bildungs- und Technologiezentrum der Handwerkskammer Berlin.

F

Medizin aktuell
Weiterbildung (Seminare, Konferenzen, Kurse) in:
- Angiologie
- Kardiologie
- Pulmologie

Kontakt: Zentralklinikum Erlenbusch 030-257946-01

3 Was bedeutet Weiterbildung für Sie? Welche Ausbildung würden Sie gerne machen?

Wir werden immer älter

1 Ab wann ist man Senior/in? Was denken Sie?

Man ist so alt oder jung, wie man sich fühlt.

Ich glaube, wenn man in Rente geht, ist man Senior oder Seniorin.

2 Wie leben ältere Menschen in Deutschland? Lesen Sie die Texte und diskutieren Sie im Kurs.

Elli Siebeck, 75 Jahre

Unser Seniorenverein wurde 1990 gegründet. Wir Senioren wollen unsere Möglichkeiten nutzen und nach neuen Wegen für ein sinnvolles Leben suchen. Für uns sind Gesundheit und Mobilität wichtig. Wir haben eine Rentnerband und eine Theatergruppe und wir bieten ein Sportprogramm an. Zweimal pro Woche treffen wir uns ab 15:00 Uhr im Seniorencafé im Bürgertreff Volkmarsdorf.

Herta und Erich Müller, 69 und 71 Jahre

Wir fühlen uns noch jung. Wir bekommen eine gute Rente und unsere Kinder sind schon lange aus dem Haus. Wir machen jetzt viele Reisen. Aber vielleicht bleibt es nicht immer so. Wir haben schon einen Platz im Altersheim reserviert.

Herbert Fischer, 79 Jahre

Vor einem Jahr ist meine Frau gestorben. Ich wohne jetzt im Altersheim. Das ist besser für mich, denn ohne meine Frau wollte ich nicht länger in unserer Wohnung leben. Hier geht es mir gut. Ich muss nicht einkaufen oder kochen und ich habe viele Kontakte.

3 Es gibt immer mehr alte Menschen und immer weniger junge. Welche Folgen hat das? Lesen Sie die Sätze und diskutieren Sie.

- Die Altersrente wird wahrscheinlich sinken.
- Immer mehr Menschen brauchen Pflege.
- Auch ältere Menschen werden im Beruf noch gebraucht.
- Die Bevölkerung wird abnehmen.

i

Noch vor 100 Jahren waren die Menschen in Deutschland durchschnittlich 24 Jahre alt, heute liegt der Durchschnitt bei 45 Jahren, im Jahr 2050 wird er bei ca. 50 Jahren liegen.

4 Senioren in Deutschland und in Ihrem Heimatland. Vergleichen Sie.

Bei uns gibt es viel mehr junge als alte Menschen.

Oft leben mehrere Generationen zusammen.

Die Kinder sorgen für ihre Eltern.

Interkulturelle Kompetenz

1a Interkulturelle Missverständnisse. Zu welchen Bildern passen die Texte?

1. **Lu Feng, China**
   In China kann man Freunde einfach besuchen, ohne dass man vorher anrufen muss. Hier in Deutschland macht man immer erst einen Termin. Das war am Anfang ziemlich ungewöhnlich für mich, jetzt habe ich mich daran gewöhnt und inzwischen ist es mir auch lieber, dass meine Freunde anrufen, wenn sie mich besuchen wollen.
2. **Ulrike Hüll, Mitarbeiterin der Bundesagentur für Arbeit**
   Ein Kollege von mir hat erzählt, dass eine Kundin ihren Bruder zu einem Termin geschickt hatte, weil sie selbst krank war. Bei mir ist einmal ein Kunde einen Tag später als vereinbart gekommen und hat als Entschuldigung Pralinen mitgebracht. Wir dürfen hier keine Geschenke annehmen und man muss selbst kommen, wenn man einen Termin hat. Oder man ruft vorher an und macht einen neuen Termin.
3. **Janina Zvereva, Weißrussland**
   Meine Tochter war bei einer deutschen Schulfreundin zum Geburtstag eingeladen. Wir hatten ein großes und teures Geburtstagsgeschenk gekauft, denn bei uns gibt es keine kleinen Geschenke. Nach dem Fest sagte meine Tochter, dass sie sich nicht ganz wohl gefühlt hat, denn alle anderen hatten nur kleine Geschenke. Das Positive: Wir haben etwas über die Geschenkkultur in Deutschland gelernt.
4. **Joachim Schote, Deutschland**
   Ich habe einige Jahre in Dänemark gelebt. Beim Telefonieren sprechen auch Menschen, die sich überhaupt nicht kennen, wie alte Freunde miteinander. In Deutschland ist man distanzierter. Einmal hat mir jemand gesagt, dass ich am Telefon sehr unhöflich bin. Aber ich bin nicht unhöflich! Ich habe nur so gesprochen, wie es in Deutschland üblich ist. In Deutschland wären Gesprächspartner, die ich nicht kenne, irritiert, wenn ich mit ihnen so freundschaftlich sprechen würde.
5. **Linda Gutmann, Deutschland, Personalchefin Inga AG**
   Neulich hatte ich ein komisches Gespräch mit einem Bewerber. Er wollte mir wohl ein Kompliment machen und hat gesagt, dass ich so schön wie eine Prinzessin in seinem Heimatland bin. Natürlich höre ich so etwas gerne, aber in einem Bewerbungsgespräch passt das nicht. Er hat die Stelle nicht bekommen.

1b Lesen Sie die Texte noch einmal und ordnen Sie zu.

In Deutschland

1. sollte man bei Bewerbungsgesprächen keine persönlichen Komplimente machen: Text 5
2. ist es üblich, dass man vorher anruft, wenn man Freunde besuchen will: Text 1
3. macht man nur kleinere Geschenke, wenn man bei Freunden oder Bekannten eingeladen ist: Text 3
4. sollte man bei Gesprächen mit Menschen, die man nicht persönlich kennt, freundlich sein, aber auch distanziert bleiben: Text 4
5. muss man bei einer Behörde einen neuen Termin vereinbaren, wenn man zu einem vereinbarten Termin nicht kommen kann: Text 2

2 Kennen Sie weitere Beispiele für interkulturelle Missverständnisse? Haben Sie schon einmal solche Situationen erlebt? Zeichnen Sie ein Bild bei 1a) und erzählen Sie.

3 Lesen Sie den Text und beantworten Sie die Fragen.

Jeder Mensch hat seine eigene Geschichte und seine eigenen Erfahrungen. Wir alle sind von der Kultur geprägt, in der wir aufgewachsen sind. Zwischen den Kulturen der Welt gibt es große Unterschiede, z. B. wenn es um die Geschichte und das wirtschaftliche oder politische System geht. Aber auch im Alltagsleben gibt es Unterschiede. Die Begrüßungsformen sind verschieden, die Nachbarschaftskontakte sind unterschiedlich, es gibt andere Regeln, wie man mit Kollegen oder Vorgesetzen spricht und über welche Themen man reden kann.
Interkulturelle Kompetenz ist die Fähigkeit, diese Unterschiede zu verstehen und in einer fremden Kultur so zu handeln, dass man Erfolg hat. Interkulturelle Kompetenz kann man lernen, wenn man für eine fremde Kultur offen und bereit ist, sie zu verstehen.

1. Welche Beispiele gibt der Text für kulturelle Unterschiede?
2. Was ist interkulturelle Kompetenz?
3. Was ist notwendig, um interkulturelle Kompetenz zu lernen?

4 Welche Unterschiede gibt es zwischen der Alltagskultur in ihrem Heimatland und in Deutschland? Welche Beobachtungen haben Sie gemacht?

- Begrüßungen
- Einladungen
- Gespräche mit Nachbarn
- Gespräche mit Lehrern in der Schule
- Gespräche mit Arbeitskollegen
- Kontakte mit Mitarbeitern von Behörden
- …

Bei uns sind Geschenke viel wichtiger als in Deutschland. Nicht nur, wenn es um Geschäfte geht, sondern auch privat.

Ich finde, bei Gesprächen achten die Leute in Deutschland immer auf Abstand.

Bei uns ist es normal, dass man sich zur Begrüßung auf die Wange küsst.

5 Welche Möglichkeiten gibt es, um interkulturelle Kompetenz zu lernen? Diskutieren Sie über die Vorschläge und sammeln Sie weitere Ideen.

Kommunikation ohne Worte

1a Betrachten Sie das Bild. Welches Problem gibt es?

1b Lesen Sie den Text und überprüfen Sie Ihre Vermutungen.

Beruflich bin ich viel unterwegs und habe schon in vielen verschiedenen Ländern gearbeitet. Da braucht man natürlich immer eine gewisse Zeit um sich einzugewöhnen, und es kommt nicht nur zu Missverständnissen, weil man die Landessprache nicht gut versteht, sondern auch Gesten und die Körpersprache. So wollte ich in Wuxi in China einmal ein Getränk auf der Straße kaufen. Ich wusste den Preis nicht und der Verkäufer kreuzte immer seine beiden Zeigefinger. Ich habe dann einige Geldscheine gezeigt und dann endlich verstanden, dass der Verkäufer das chinesische Handzeichen für 10 gezeigt hatte. Die Flasche hat also 10 Yuan gekostet, die ich dann auch bezahlt habe.

2a Was denken Sie? Was bedeuten diese Gesten in Deutschland? Ordnen Sie zu.

A

B

C

D

E

F

G

H

1. Ich kann dich nicht verstehen.
2. Du spinnst ja!
3. Das ist wirklich sehr schlimm!
4. Das schmeckt super!
5. Das weiß ich nicht.
6. Nein, so geht das nicht!
7. Wir telefonieren.
8. Komm doch mal her.

2b Gibt es diese Gesten auch bei Ihnen? Welche macht man häufig?

Umgang mit Konflikten

1a Beschreiben Sie die Situationen.

A

B

C

D

E

F

G

H

Ich glaube, der Mann auf Bild C fühlt sich gestört, weil die Leute auf dem Platz so laut sind.

Ich denke, die Frauen auf Bild G sind sehr wütend und streiten sich – und alle anderen hören zu ...

Die Situation im Club sieht sehr gefährlich aus. Vielleicht gibt es da eine Schlägerei.

9 **1b** Welcher Dialog passt zu welchem Bild? Hören Sie und schreiben Sie die Nummern in das Bild.

1c Was meinen Sie? Wie kann man die dargestellten Konflikte lösen? Machen Sie Notizen und diskutieren Sie im Kurs.

3, 16, 96, 281

Ich glaube nicht, dass Gewalt eine gute Lösung ist. Der Leute in der Disko sollten ...

Man sollte in manchen Situationen nicht gleich nervös werden.

Die Frau in dem Flugzeug hat sehr freundlich gesprochen. Sie sollte freundlich bleiben, obwohl ...

Wichtig ist, dass man sich nicht provozieren lässt. Das gilt besonders für ...

Gespräche und Diskussionen

1 Lesen Sie die Vorschläge und kreuzen Sie an. Was ist Ihrer Meinung nach wichtig, was ist weniger wichtig, was ist falsch?

Das finde ich ...	wichtig	weniger wichtig	falsch
1. Sagen Sie immer Ihre Meinung.	☐	☐	☐
2. Zeigen Sie, dass Sie gute Laune haben.	☐	☐	☐
3. Fragen Sie, wenn Sie etwas nicht verstehen.	☐	☐	☐
4. Suchen Sie eine Lösung, wenn es Konflikte gibt.	☐	☐	☐
5. Unterbrechen Sie andere nicht, wenn sie sprechen.	☐	☐	☐
6. Beenden Sie das Gespräch, wenn man Sie kritisiert.	☐	☐	☐
7. Gehen Sie auf die Argumente Ihres Gesprächspartners ein.	☐	☐	☐
8. Bleiben Sie immer bei Ihrer Meinung.	☐	☐	☐
9. Bleiben Sie auch dann ruhig, wenn Ihr Gesprächspartner laut wird.	☐	☐	☐
10. Sprechen Sie ruhig und sicher.	☐	☐	☐
11. Stimmen Sie Ihrem Gesprächspartner immer zu.	☐	☐	☐
12. Bleiben Sie in Gesprächen immer freundlich.	☐	☐	☐
13. Versuchen Sie, die Meinung von anderen zu verstehen.	☐	☐	☐
14. Widersprechen Sie, wenn Sie eine andere Meinung als Ihr Gesprächspartner haben.	☐	☐	☐

2a Was finden Sie noch wichtig? Machen Sie Notizen und sagen Sie, warum.

- *Aufmerksamkeit finde ich wichtig. Ich finde es nicht gut, wenn man nicht zuhört.*
- *Man sollte den Gesprächspartner oder die Gesprächspartnerin respektieren.*
- *...*

2b Diskutieren Sie im Kurs über Ihre Ergebnisse.

Ich finde es wichtig, dass man bei Diskussionen gut zuhört.

Da hast Du recht / Da haben Sie recht. Man sollte immer aufmerksam sein.

Es kann falsch sein, immer die Meinung zu sagen.

Vielleicht. Aber es ist auch schlecht, wenn man nie etwas sagt.

Ich bin mir nicht sicher, ob ...

Ich sehe das anders, denn ...

Zusammenleben in der Nachbarschaft

1 Betrachten Sie das Bild. Welche Probleme gibt es in diesem Mietshaus?

2 Lesen Sie den Anfang der Hausordnung. Warum ist eine Hausordnung für Mehrfamilienhäuser notwendig?

279

Die Hausordnung regelt das Zusammenleben aller Mitbewohner. Sie soll ein Zusammenleben ohne Streit und Konflikte möglich machen. Die Hausbewohner fühlen sich nur dann wohl, wenn alle aufeinander Rücksicht nehmen.

3 Lesen Sie die Regeln. Zu welchen Situationen auf dem Bild passen sie?

1. (A) Der im Haushalt anfallende Müll darf nur in die dafür vorgesehenen Mülltonnen und Container entsorgt werden.
2. (C) Das Grillen mit Holzkohle ist auf den Balkonen nicht erlaubt.
3. (D) Das Abstellen von Fahrrädern ist nur auf den dafür vorgesehenen Flächen und im Fahrradkeller erlaubt.
4. (B) Die Hausbewohner sollen sich so verhalten, dass ihre Mitbewohner nicht durch Lärm, Musikhören, Musizieren oder Ähnliches gestört werden. Die Ruhezeiten (Sonn- und Feiertage sowie Werktage von 13:00 – 15:00 und 22:00 – 08:00 Uhr) sind zu beachten.
5. (E) Haustiere dürfen im Treppenhaus und im Hof nicht frei herumlaufen.

4 Bilden Sie Gruppen. Schreiben Sie für die Themen im Kasten je eine Regel. Vergleichen Sie Ihre Ergebnisse im Kurs und sprechen Sie auch über die Regeln in Ihrem Wohnhaus.

Kinder – Sicherheit – Reinigung – Lüften – Haustiere

Recht im Alltag

1 Lesen Sie die Texte und ordnen Sie zu.

254, 275, 286, 287, 290 **1.** Mein Ex-Mann und ich hatten sehr oft Streit. Wir waren bei der Eheberatung und haben Regeln für unser Zusammenleben aufgestellt. Am Ende war die einzige Lösung die Scheidung. Wir mussten ein Jahr lang getrennt leben und erst nach diesem Trennungsjahr war die Scheidung möglich. Für den Antrag auf Ehescheidung beim Familiengericht brauchte ich dann einen Anwalt.

280 **2.** Im letzten Jahr habe ich vom Finanzamt einen Steuerbescheid bekommen, der falsch war. Das Finanzamt wollte mehr Geld von mir haben, als ich eigentlich bezahlen musste. Ich habe dann Einspruch eingelegt und einen neuen Steuerbescheid bekommen.

3. Mein neuer Fernseher war schon nach zwei Tagen kaputt. Zum Glück hatte ich noch den Kassenzettel. Ich bin zu dem Elektrogeschäft gegangen und habe den Fernseher reklamiert. Ich habe einen neuen Fernseher bekommen, der sehr gut funktioniert.

4. Als Betriebsrat in einem großen Unternehmen vertrete ich die Interessen der Mitarbeiter. Bei wichtigen Themen, wie z. B. Arbeitszeiten, verhandeln wir mit der Unternehmensführung über Betriebsvereinbarungen. Die Kollegen kommen auch zu mir, wenn sie Probleme am Arbeitsplatz haben. Ich berate sie und versuche, die Probleme zu lösen. Manchmal muss ich Kollegen wegen einer Kündigung helfen, also sie über ihre Rechte und über Kündigungsfristen aufklären. Normalerweise müssen der Arbeitgeber und der Arbeitnehmer bei einer Kündigung nämlich beachten, dass es Fristen gibt, d. h. der Arbeitsvertrag endet nicht sofort, sondern z. B. erst zum Monatsende.

A Eine Scheidung ist möglich, wenn das Ehepaar ein Jahr lang getrennt gelebt hat. Text:

B Bei einer Kündigung müssen sowohl der Arbeitgeber als auch der Arbeitnehmer die Kündigungsfristen beachten. Text:

C Wenn ein neues Elektrogerät nicht funktioniert, ist eine Reklamation möglich. Text:

D Gegen einen falschen Steuerbescheid kann man Einspruch einlegen. Text:

E Für eine Ehescheidung braucht man einen Anwalt. Text:

F Ein Betriebsrat hilft Kollegen, die Probleme mit dem Arbeitgeber haben. Text:

2 Warum gibt es folgende Regeln und Gesetze? Diskutieren Sie im Kurs.

- An öffentlichen Orten, z. B. in Schulen und Restaurants, ist das Rauchen verboten.
- Biergärten müssen in vielen Städten spätestens um 22:00 Uhr schließen.
- Für den Autoführerschein muss man eine Fahrschule besuchen.
- Man darf in Deutschland keine Waffen in der Öffentlichkeit tragen.

276 **i**

Probleme und Konflikte im Alltag, z. B. in der Familie, am Arbeitsplatz, mit Ämtern und Behörden kommen oft vor. Regeln und Gesetze sollen in Deutschland dafür sorgen, dass man die Konflikte friedlich und ohne Gewalt löst. Beispiele sind Verbraucherschutzgesetze, die den Kunden u. a. das Recht geben, eine defekte Ware zu reklamieren, das Familienrecht oder das Arbeitsrecht. Auch die Möglichkeit, gegen die Entscheidungen von Behörden zu protestieren oder sich zu beschweren, wenn man sich von Behördenmitarbeitern schlecht behandelt fühlt, kann für eine friedliche Konfliktlösung nützlich sein. Wenn es trotz Verhandlungen und Gesprächen in einem Konflikt keine Einigung gibt, ist es möglich, bei einem Gericht zu klagen.

Religiöse Vielfalt

1 Welches Bild gehört zu welcher Religion? Ordnen Sie zu.

1. Evangelische Kirche **2.** Katholische Kirche **3.** Islam **4.** Judentum
5. Hinduismus **6.** Buddhismus **7.** Orthodoxe Kirche

2 Was wissen Sie über die Religionen? Ergänzen Sie die fehlenden Wörter.

Guru – Moschee – Tempel – Synagoge – Martin Luther – Papst – Ikonostase

1. Ein Gotteshaus heißt im Islam ______.
2. Der Gründer der evangelischen Kirche heißt ______.
3. Ein Gotteshaus im Judentum heißt ______.
4. Ein ______ ist im Hinduismus ein religiöser Lehrer.
5. In Asien gibt es viele buddhistische ______.
6. Der ______ ist das Oberhaupt der katholischen Kirche.
7. In der orthodoxen Kirche trennt die ______ den Altar von der Gemeinde.

3 Welche Religion ist am ältesten und welche Religion hat die meisten Anhänger weltweit?

	am ältesten	die meisten Anhänger
Buddhismus	☐	☐
Christentum	☐	☐
Hinduismus	☐	☐
Islam	☐	☐
Judentum	☐	☐

4 Vergleichen Sie mit Ihrem Heimatland. Welche Religionen gibt es? Zu welcher Religion gehören die meisten Menschen?

5 Beschreiben Sie die Statistik.

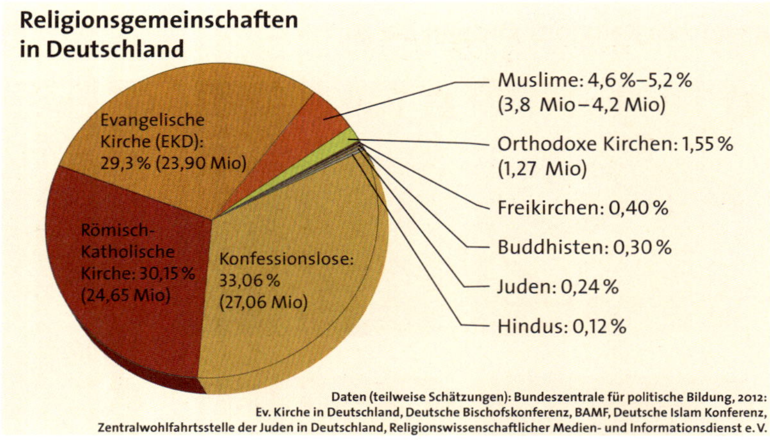

Die meisten Menschen sind in der evangelischen und katholischen Kirche.

Ich finde interessant, dass mehr als 27 Millionen Menschen keiner Religion angehören.

6 Lesen Sie den Text und beantworten Sie die Fragen.

2, 33, 91, 292, 294, 295

Der Staat schreibt keine Religion vor und ist religiös neutral. Da Deutschland aber eine christliche Tradition und das Christentum die deutsche und auch die europäische Kultur geprägt hat, haben die evangelische und die katholische Kirche eine besondere Stellung. Auf der Lohnsteuerkarte von Arbeitnehmern ist die Konfession, also die Religionszugehörigkeit, anzugeben, weil der Staat die Kirchensteuer einzieht, wenn man der evangelischen oder katholischen Kirche angehört. In den Schulen gibt es Religionsunterricht, der wegen der Religionsfreiheit aber nicht Pflicht ist. Bis zum 14. Lebensjahr entscheiden die Eltern, ob ein Kind am Religionsunterricht teilnimmt. Neben dem christlichen Religionsunterricht gibt es auch jüdischen Religionsunterricht und in einigen Bundesländern Angebote für Angehörige des Islam.

1. Warum haben die evangelische und die katholische Kirche eine besondere Stellung?
2. Warum steht auf der Lohnsteuerkarte die Konfession?
3. Für welche Religionen gibt es in der Schule Religionsunterricht?

7a Gesetzliche Feiertage in Deutschland. Welche Feiertage sind kirchliche Feiertage?

Feiertage mit festen Terminen:	Bewegliche Feiertage – März bis Juni
1. Januar: Neujahr	Karfreitag
1. Mai: Maifeiertag	Ostern: Ostersonntag und Ostermontag
3. Oktober: Tag der Deutschen Einheit	Christi Himmelfahrt
25. und 26. Dezember: 1. und 2. Weihnachtstag	Pfingsten: Pfingstsonntag und Pfingstmontag

7b Was wissen Sie über die kirchlichen Feiertage?

7c Gibt es in dem Bundesland, in dem Sie wohnen, noch andere Feiertage?

8a Berichten Sie über Ihre Religion.

1. Welche Feiertage gibt es?
2. Welcher Feiertag ist der wichtigste?
3. Welche Orte und Symbole sind für Ihre Religion besonders wichtig?
4. Welche Möglichkeiten gibt es, Ihre Religion an Ihrem Wohnort auszuüben?

8b Lesen Sie den Text und beantworten Sie die Fragen.

TZ

Bundesverfassungsgericht:
Kita-Erzieherin darf Kopftuch tragen

Ein Kopftuch ist Ausdruck der religiösen Selbstbestimmung und darf während der Arbeit in einer Kita getragen werden.
So hat das Bundesverfassungsgericht im Fall einer muslimischen Erzieherin entschieden, die in einem kommunalen Kindergarten in Baden-Württemberg arbeitet. Nach Meinung der Richter ist ein „islamisches Kopftuch" in Deutschland im Alltag nichts Ungewöhnliches.
Der Arbeitgeber der Erzieherin wollte seiner Mitarbeiterin verbieten, das Kopftuch während der Arbeit zu tragen. Dagegen wehrte sich die in der Türkei geborene Frau mit deutscher Staatsbürgerschaft.
Das Gericht bestätigte mit seinem Urteil eine Entscheidung vom vergangenen Jahr. Damals hatten die Verfassungsrichter zwei muslimischen Frauen aus Nordrhein-Westfalen das Recht zugestanden, im Schuldienst ein Kopftuch zu tragen.

1. Welches Gericht hat über den Fall der Erzieherin entschieden?
2. Warum hat die Erzieherin nach Meinung des Gerichts das Recht, auch während der Arbeit ein Kopftuch zu tragen?

8c Welche Meinung haben Sie über das Urteil?

Ich verstehe nicht, warum der Arbeitgeber nicht wollte, dass die Erzieherin bei der Arbeit ein Kopftuch trägt.

Ich denke, für die Stadt und den Kindergarten wichtig, in Sachen Religion neutral zu bleiben.

Aber die Frau hat auch ein Recht auf Selbstbestimmung, und das war für das Gericht wohl wichtiger als religiöse Neutralität.

9 Grenzen für die Religionsfreiheit? Lesen Sie folgende Situationen und diskutieren Sie.

1. Ein streng religiöses Ehepaar will nicht, dass seine Kinder eine öffentliche Schule besuchen.
2. Ein Arbeitgeber verbietet einem Mitarbeiter, während der Arbeitszeit zu beten.
3. Eine Schülerin muss am Schwimmunterricht ihrer Schule teilnehmen, obwohl sie dies aus religiösen Gründen nicht will.
4. Eine Arbeitnehmerin kommt nicht zur Arbeit, weil ihre Religion die Arbeit an diesem Tag verbietet.

Es ist klar, dass alle Kinder eine öffentliche Schule besuchen müssen. Es gibt schließlich Schulpflicht. Religiöse Überzeugungen stehen in Deutschland nicht über den Regeln und Gesetzen des Staates.

Aber das kann man doch gar nicht vergleichen!

Ich finde, die Arbeitgeber sollten tolerant sein, und religiöse Mitarbeitern Gebetspausen erlauben.

Meinst du wirklich?

Ich finde nicht, dass ...

Aber natürlich darf die Religion eines Arbeitnehmers nicht die Arbeit in einem Unternehmen stören. Ich kann den Arbeitgeber verstehen. Schließlich sollten Arbeitnehmer während der Arbeitszeit ja auch nicht privat im Internet surfen oder privat telefonieren.

Die Zeit

1 **Betrachten Sie die Fotos und lesen Sie die Sprichwörter. Was erfahren Sie über das Thema Zeit?**

Kommt Zeit kommt Rat. | Zeit ist Geld. | Die Zeit vergeht wie im Flug.

2a **Lesen Sie den Text über Zeitwahrnehmung. Welches Bild passt zu welchen Aussagen?**

A

B

In manchen Kulturen wird die Zeit linear wahrgenommen. Man erledigt eine Aufgabe nach der anderen und konzentriert sich auf eine Aufgabe, so z. B. oft in Deutschland.
In anderen Kulturen (zirkuläre Zeitwahrnehmung) neigt man dazu, viele Aufgaben gleichzeitig zu erledigen, wie z. B. häufig in China.
Das habe ich erlebt, als ich in Shanghai ein Bankkonto eröffnete: Die chinesische Bankangestellte machte alles gleichzeitig, sie
– verteilte die Info-Blätter und Antragsformulare an Kunden,
– führte am Telefon ein Beratungsgespräch durch und
– bearbeitete ein Antragsformular.
Jeder, der den Raum betrat, sprach sie sofort an. Ganz selbstverständlich, obwohl sie gerade den Telefonhörer zwischen Schulter und Kinn geklemmt hatte. Jeder bekam gleich eine Auskunft, wenn auch nur ganz kurz. Das wäre in Deutschland undenkbar! Man würde gleich eine Zurechtweisung bekommen: „Eins nach dem anderen!" oder „Keine Hektik!"

2b **Haben Sie in Deutschland oder in Ihrem Heimatland ähnliche Erfahrungen gemacht? Arbeiten Sie eher nach Plan und konzentrieren sich auf eine Aufgabe oder machen Sie oft viele Sachen gleichzeitig?**

3 **Wann ist Pünktlichkeit wichtig? In welchen Situationen sollte man früher kommen? Wann kann man auch etwas später kommen? Diskutieren Sie im Kurs.**

1. Sie haben um 11 Uhr einen Termin beim Arzt.
2. Sie haben Ihrer Freundin / Ihrem Freund gesagt, dass Sie heute Abend ungefähr um 19 Uhr vorbeikommen.
3. Ihr Chef / Ihre Chefin hat Sie um 19 Uhr zum Essen eingeladen.
4. Der Unterricht beginnt jeden Morgen um 9 Uhr.
5. Sie haben um 10 Uhr ein Bewerbungsgespräch.
6. Sie sind zu einer Party eingeladen. Auf der Einladung steht: ab 20 Uhr.
7. Sie sind mit Freunden um 19 Uhr im Restaurant verabredet.
8. Ihre Arbeit beginnt morgens um 7 Uhr.

Migration

- In Deutschland lebende Ausländer: ca. 9,11 Millionen oder 11,1 % der Gesamtbevölkerung (Stand: Dezember 2015)
- 2015 hatten 21 % der in Deutschland lebenden Menschen einen Migrationshintergrund.

Familie und Kinder

- Das Grundgesetz schützt die Ehe und die Familie.
- In der Ehe haben der Ehemann und die Ehefrau die gleichen Rechte.
- Uneheliche Kinder haben dieselben Rechte wie eheliche Kinder.
- Wichtige Erziehungsziele in Deutschland:
  - Motivation
  - Respekt und Toleranz
  - Selbstbestimmung
  - Verantwortung
- Mit 18 Jahren ist man in Deutschland volljährig. Dann können die Kinder selbst über ihr Leben entscheiden und müssen nicht mehr das machen, was ihre Eltern wollen.

Antidiskriminierungsgebot

Absatz 3 von Artikel 3 des Grundgesetzes verbietet Diskriminierung. Das bedeutet zum Beispiel, dass alle Personen mit gleicher Qualifikation dieselben Chancen haben müssen, wenn sie sich um eine Stelle bewerben. Die Religion, die Hautfarbe oder die Muttersprache einer Person dürfen z. B. für die Entscheidung, wer die Stelle bekommt, keine Rolle spielen.
Arbeitgeber dürfen in Stellenanzeigen nicht schreiben, dass sie z. B. eine Person mit einer bestimmten Nationalität oder einer bestimmten Hautfarbe suchen und auch nicht, dass sie nur einen Mann oder eine Frau einstellen wollen.

Senioren in Deutschland

In Deutschland steigt das Durchschnittsalter, es werden nicht viele Kinder geboren, die Zahl der Senioren steigt. Deshalb müssen die Menschen länger arbeiten, ältere Menschen werden im Beruf immer stärker gebraucht. Wahrscheinlich werden die Altersrenten sinken. Immer mehr Menschen brauchen Pflege.

Interkulturelle Kompetenz

Interkulturelle Kompetenz bedeutet, dass man die Unterschiede zwischen der eigenen und einer fremden Kultur versteht und danach erfolgreich handeln kann.
Um interkulturelle Kompetenz zu lernen, muss man für eine fremde Kultur offen und bereit sein, sie zu verstehen.

Religiöse Vielfalt

- Die größten Religionsgemeinschaften sind die Evangelische Kirche (23,90 Millionen Mitglieder) und die Römisch-Katholische Kirche (24,65 Millionen Mitglieder).
- Ungefähr 4 Millionen Menschen gehören zum Islam.
- Etwas mehr als einhunderttausend Menschen gehören einer jüdischen Gemeinde an.
- 27 Millionen Menschen gehören zu keiner Religionsgemeinschaft.

Kreuzen Sie an.

Bei jeder Aufgabe gibt es zwei richtige Lösungen.

1 Welche Sätze über Migranten passen?

A ☐ Alle Personen, die in Deutschland leben, aber im Ausland Urlaub machen, sind Migranten.
B ☐ Auch Personen, die einen deutschen Pass haben, können Migranten sein.
C ☐ In Deutschland haben ungefähr 20 % aller Einwohner einen Migrationshintergrund.
D ☐ Mit Ausländern und Migranten meint man dieselbe Personengruppe.

2 Welche Sätze über eheliche und uneheliche Kinder passen?

A ☐ Uneheliche Kinder dürfen keine Nachteile gegenüber ehelichen Kindern haben.
B ☐ Uneheliche Kinder haben weniger Rechte als eheliche Kinder.
C ☐ In einer Familie können sowohl eheliche als auch uneheliche Kinder leben.
D ☐ Wenn eine Frau uneheliche Kinder hat, darf sie nicht heiraten.

3 In einer Ehe

A ☐ haben der Mann und die Frau die gleichen Rechte.
B ☐ entscheidet die Frau über den Familiennamen.
C ☐ muss der Mann einverstanden sein, wenn die Frau arbeiten will.
D ☐ kann auch der Mann zu Hause bleiben, um sich um die Kinder zu kümmern, während die Frau arbeitet.

4 Mit 18 Jahren ist man in Deutschland volljährig. Was bedeutet das?

A ☐ Man darf die Schule nicht mehr besuchen.
B ☐ Man kann frei entscheiden, mit wem man zusammenleben möchte.
C ☐ Man darf nicht mehr bei den Eltern wohnen.
D ☐ Man hat bei Bundestags- und Landtagswahlen das aktive Wahlrecht, wenn man die deutsche Staatsbürgerschaft hat.

5 Welche Sätze über Kindererziehung passen?

A ☐ Wenn Kinder Schulprobleme haben, sollte es ein Gespräch zwischen den Eltern, dem Schüler und einem Lehrer geben.
B ☐ Nur die Lehrer sind dafür verantwortlich, dass die Schüler in der Schule Erfolg haben.
C ☐ Auch die Eltern sind dafür verantwortlich, dass ihre Kinder in der Schule Erfolg haben.
D ☐ Die Eltern sind dafür verantwortlich, dass ihre Kinder in der Schule in den wichtigen Fächern Unterricht bekommen.

6 Welche Sätze über Weiterbildung passen?

A ☐ Wenn man eine Weiterbildung machen will, braucht man das Abitur.
B ☐ Weiterbildung ist wichtig, weil sich die Berufswelt schnell verändert.
C ☐ Ohne Weiterbildung hat man schlechtere Karrierechancen.
D ☐ Wenn eine Frau nach der Babypause wieder in ihrem alten Beruf arbeiten will, muss sie zuerst eine Weiterbildung machen.

7 **Welche Sätze über interkulturelle Kompetenz passen?**

A ☐ Um interkulturelle Kompetenz zu lernen, muss man die eigene Kultur vergessen.
B ☐ Interkulturelle Kompetenz kann man nicht lernen.
C ☐ Mit interkultureller Kompetenz kann man in einer fremden Kultur erfolgreich handeln.
D ☐ Interkulturelle Kompetenz bedeutet, dass man eine fremde Kultur versteht.

8 **Welche Sätze über die Hausordnung passen?**

A ☐ Durch die Hausordnung kann der Vermieter mehr Miete bekommen.
B ☐ Eine Hausordnung braucht man nur, wenn in einem Haus Menschen mit verschiedenen Nationalitäten leben.
C ☐ Eine Hausordnung soll Streit unter den Mietern vermeiden.
D ☐ Zu einem Mietvertrag gehört oft auch die Hausordnung.

9 **Betriebsräte**

A ☐ helfen Arbeitnehmern bei Problemen mit ihren Arbeitgebern.
B ☐ helfen Arbeitgebern bei Problemen mit Arbeitnehmern.
C ☐ informieren Personen, die eine Arbeit suchen, über ihre Rechte.
D ☐ informieren Kollegen, die eine Kündigung bekommen haben, über ihre Rechte.

10 **Welche Sätze über Ehescheidung passen?**

A ☐ Eine Ehescheidung können nur die Eltern der Ehepartner beantragen.
B ☐ Eine Ehescheidung ist nur möglich, wenn die Ehepartner seit einem Jahr getrennt leben.
C ☐ Nur der Mann kann eine Ehescheidung beantragen.
D ☐ Ohne die Hilfe von einem Rechtsanwalt ist eine Ehescheidung nicht möglich.

11 **Welche Feiertage sind kirchliche Feiertage?**

A ☐ Ostern
B ☐ Maifeiertag
C ☐ Weihnachten
D ☐ Tag der deutschen Einheit

12 **Welche Sätze über die Kirchensteuer passen?**

A ☐ Kirchensteuer bezahlen alle Deutschen, die arbeiten und Geld verdienen.
B ☐ Man bezahlt die Kirchensteuer direkt an die Kirche.
C ☐ Kirchensteuer bezahlen Mitglieder der evangelischen und der katholischen Kirche, wenn sie arbeiten und Geld verdienen.
D ☐ Zuerst zieht der Staat die Kirchensteuer ein und gibt sie dann an die Kirchen weiter.

Der Orientierungskurs – Eine Bilanz

1 Lesen Sie die Aussagen. Welchen können Sie zustimmen? Diskutieren Sie im Kurs.

Für mich war das Politik-Modul interessant. Ich habe nicht genau gewusst, wie die Demokratie in Deutschland mit Wahlen und Parlamenten funktioniert.

Ich wusste schon einiges über die Politik in Deutschland, aber wenig über Geschichte. Es war gut, dass ich mehr über die deutsche Geschichte, vor allem die Nazi-Zeit, erfahren habe.

Für mich war der Orientierungskurs sehr schwer, vor allem die Module Geschichte und Politik. Es gibt so viele Wörter, die ich noch nicht richtig verstehe.

Das Geschichtsmodul und besonders das Politikmodul waren sehr schwer. Das Modul über das Alltagsleben war für mich einfacher und interessanter. Da gab es praktische Informationen, zum Beispiel über soziale Sicherheit. Außerdem konnte ich die Themen besser verstehen.

Ich finde Geschichte sehr interessant, ich möchte gerne mehr über die Zeit vor dem Nationalsozialismus wissen. Ich habe schon angefangen, mich mit dem Ersten Weltkrieg und den Jahren danach zu beschäftigen.

2a Über welche Themen haben Sie im Kurs gesprochen? Schreiben Sie einige Themen unter die Fotos.

Parlament

die deutsche Teilung

Familie

2b Was war für Sie interessant, was weniger interessant? Worüber möchten Sie noch mehr erfahren? Kreuzen Sie an. Vergleichen Sie Ihre Ergebnisse im Kurs.

Das fand ich …	sehr interessant.	interessant.	weniger interessant.	nicht interessant.	Ich möchte mehr über das Thema wissen.
Politik					
Grundrechte	☐	☐	☐	☐	☐
Wahlen	☐	☐	☐	☐	☐
Parlamente	☐	☐	☐	☐	☐
Parteien	☐	☐	☐	☐	☐
Bundesländer	☐	☐	☐	☐	☐
Sozialsystem	☐	☐	☐	☐	☐
Möglichkeiten für politische Beteiligung	☐	☐	☐	☐	☐
Geschichte und Verantwortung					
Nationalsozialismus	☐	☐	☐	☐	☐
2. Weltkrieg	☐	☐	☐	☐	☐
Besatzungszeit	☐	☐	☐	☐	☐
Geschichte der DDR	☐	☐	☐	☐	☐
Die deutsche Teilung	☐	☐	☐	☐	☐
Deutsche Geschichte nach dem Mauerfall	☐	☐	☐	☐	☐
Europäische Union	☐	☐	☐	☐	☐
Mensch und Gesellschaft					
Familien in Deutschland	☐	☐	☐	☐	☐
Gleichberechtigung und Gleichbehandlung	☐	☐	☐	☐	☐
Kindererziehung	☐	☐	☐	☐	☐
Interkulturelle Kompetenz	☐	☐	☐	☐	☐
Recht im Alltag	☐	☐	☐	☐	☐
Religionen in Deutschland	☐	☐	☐	☐	☐

Tipps für den Test »Leben in Deutschland«

Im Abschlusstest „Leben in Deutschland“ des Orientierungskurses erhalten Sie aus einem Katalog von 300 allgemeinen Fragen zu Politik, Geschichte und Zusammenleben 30 Fragen und dazu aus einem Katalog von zehn Fragen drei Fragen zu dem Bundesland, in dem Sie wohnen. Um den Test für den Orientierungskurs zu bestehen, müssen mindestens 15 Antworten richtig sein. Bei 17 richtigen Antworten gilt dieser Test auch für die Einbürgerung.

Auf den Seiten der Module 1 bis 3 stehen neben dem Text Zahlen. Das sind die Nummern der Fragen, die für den Einbürgerungstest zugelassen sind. Sie finden diese Fragen auf der Internetseite des BAMF (*www.bamf.de* » Downloads » Gesamtfragenkatalog zum Test „Leben in Deutschland“). Allerdings umfassen die Hinweise am Rand der Seiten nicht alle Fragen aus dem Katalog. Zum Beispiel gibt es keine Hinweise auf die Fragen zu den Bundesländern.

Bei der Vorbereitung auf den Test „Leben in Deutschland“ ist es wichtig, dass Sie sich auch selbst außerhalb des Unterrichts über die Themen des Orientierungskurses und des Tests informieren. Die Fragen im Test haben eine ähnliche Form wie die Quizfragen am Ende der Module 1 bis 3 in diesem Kursheft. Sie erhalten Multiple Choice-Aufgaben mit vier Auswahlmöglichkeiten.

Beachten Sie: Bei den 33 Fragen ist immer nur eine Antwort richtig!

Die Fragen zu den Bundesländern

Die Fragen sind für jedes Bundesland im Prinzip gleich, nur die Antworten sind verschieden. Suchen Sie daher Informationen zu den folgenden Fragen und notieren Sie die Antworten auf S. 103.

1. Welches Wappen hat Ihr Bundesland?
2. Wie heißen die Landkreise (in Berlin, Hamburg und Bremen Bezirke bzw. Stadtteile)?
3. Für wie viele Jahre wird das Landesparlament gewählt?
4. Ab welchem Alter darf man bei Kommunalwahlen wählen?
5. Welche Farbe hat die Landesflagge?
6. Wo können Sie sich in Ihrem Bundesland über politische Themen orientieren?
7. Wie heißt die Landeshauptstadt? (In Berlin: Was ist ein deutscher Stadtstaat? – In Bremen und Hamburg: Welches Bundesland ist ein Stadtstaat?)
8. Wo auf der Deutschlandkarte ist Ihr Bundesland?
9. Wie nennt man den Regierungschef/die Regierungschefin in Ihrem Bundesland?
10. Welche Minister/Ministerinnen gibt es in der Landesregierung (in Berlin, Hamburg und Bremen Senatoren/Senatorinnen)?

Weitere Informationen finden Sie z. B. bei den Landeszentralen für politische Bildung (*www.bpb.de/partner/51452/landeszentralen-fuer-politische-bildung*). Informationen zu den Landkreisen erhalten Sie unter *www.kreisnavigator.de*.
Auf der Webseite des BAMF gibt es zudem ein Online-Testcenter mit interaktiven Übungen, um sich auf den Test vorzubereiten.

Tipps für den Test „Leben in Deutschland". Kreuzen Sie an: richtig oder falsch?

		R	F
1.	Ich lese zuerst alle Fragen und Antwortmöglichkeiten durch. Wenn ich die richtige Antwort weiß, mache ich ein Kreuz. Wenn ich die richtige Antwort nicht sofort weiß, lese ich die Aufgabe später noch einmal genauer.	▢	▢
2.	Wenn ich bei einer Frage die Antwort nicht sofort weiß, überlege ich solange, bis ich sicher bin, wo ich das Kreuz machen muss. Erst danach lese ich die nächste Aufgabe.	▢	▢
3.	Ich sollte die Aufgaben langsam und sorgfältig lesen.	▢	▢
4.	Es ist wichtig, dass ich schnell fertig bin. Deshalb sollte ich nicht lange nachdenken und die Aufgaben schnell lesen und Antworten, von denen ich glaube, dass sie richtig sind, schnell ankreuzen.	▢	▢
5.	Ich muss nur 15 Fragen richtig beantworten. Deshalb kann ich den Test abgeben, wenn ich 15 Kreuze gemacht habe.	▢	▢
6.	Auch wenn ich eine Antwort nicht weiß, sollte ich ein Kreuz machen.	▢	▢
7.	Wenn ich alle Fragen beantwortet habe, kontrolliere ich meinen Test noch einmal, bevor ich ihn abgebe.	▢	▢
8.	Wenn ich bei einer Frage nicht sicher bin, welche Antwort richtig ist, sollte ich zwei Kreuze machen.	▢	▢

So füllen Sie die Fragebögen aus und korrigieren eine falsche Antwort.

1. So kreuzen Sie die richtige Antwort an.
Das „*X*" muss im Kästchen stehen.

2. Sie haben falsch angekreuzt und wollen korrigieren.
Sie füllen das Kästchen mit der falschen Antwort ganz aus ...

... und setzen das „*X*" in das richtige Kästchen.

3. Sie merken, dass Ihre erste Antwort doch richtig war.
Dann übermalen Sie die falsche Antwort und machen einen Kreis um die richtige Antwort.

Kreuzen Sie an.

1 **Deutschland ist ein Rechtsstaat. Was ist damit gemeint?**

A ☒ Alle Einwohner / Einwohnerinnen und der Staat müssen sich an die Gesetze halten.
B ☐ Der Staat muss sich nicht an die Gesetze halten.
C ☐ Nur Deutsche müssen die Gesetze befolgen.
D ☐ Die Gerichte machen die Gesetze.

2 **Wie heißt die deutsche Verfassung?**

A ☐ Volksgesetz
B ☐ Bundesgesetz
C ☐ Deutsches Gesetz
D ☒ Grundgesetz

3 **Im Parlament steht der Begriff „Opposition" für ...**

A ☐ die regierenden Parteien.
B ☒ alle Abgeordneten, die nicht zu der/den Regierungspartei/en gehören.
C ☐ die Fraktion mit den meisten Abgeordneten.
D ☒ alle Parteien, die bei der letzten Wahl die 5 %-Hürde erreichen konnten.

4 **Was versteht man unter dem Recht der „Freizügigkeit" in Deutschland?**

A ☒ Man darf sich seinen Wohnort selbst aussuchen.
B ☐ Man kann seinen Beruf wechseln.
C ☐ Man darf sich für eine andere Religion entscheiden.
D ☐ Man darf sich in der Öffentlichkeit nur leicht bekleidet bewegen.

5 **Was für eine Staatsform hat Deutschland?**

A ☐ Monarchie
B ☐ Diktatur
C ☒ Republik
D ☐ Fürstentum

6 **Was ist kein Bundesland der Bundesrepublik Deutschland?**

A ☐ Nordrhein-Westfalen
B ☒ Elsass-Lothringen
C ☐ Mecklenburg-Vorpommern
D ☐ Sachsen-Anhalt

7 **Welche Aussage ist richtig? In Deutschland ...**

A ☒ sind Staat und Religionsgemeinschaften voneinander getrennt.
B ☐ bilden die Religionsgemeinschaften den Staat.
C ☐ ist der Staat abhängig von den Religionsgemeinschaften.
D ☐ bilden Staat und Religionsgemeinschaften eine Einheit.

8 Was zeigt dieses Bild?

A ☐ den Bundestagssitz in Berlin
B ☐ das Bundesverfassungsgericht in Karlsruhe
C ☐ das Bundesratsgebäude in Berlin
D ☐ das Bundeskanzleramt in Berlin

9 Die Bundesrepublik Deutschland ist heute gegliedert in …

A ☐ vier Besatzungszonen.
B ☐ einen Oststaat und einen Weststaat.
C ☐ 16 Kantone.
D ☐ Bund, Länder und Kommunen.

10 Wer schrieb den Text zur deutschen Nationalhymne?

A ☐ Friedrich von Schiller
B ☐ Clemens Brentano
C ☐ Johann Wolfgang von Goethe
D ☐ Heinrich Hoffmann von Fallersleben

11 Was bedeutet die Abkürzung SPD?

A ☐ Sozialistische Partei Deutschlands
B ☐ Sozialpolitische Partei Deutschlands
C ☐ Sozialdemokratische Partei Deutschlands
D ☐ Sozialgerechte Partei Deutschlands

12 Je mehr „Zweitstimmen" eine Partei bei einer Bundestagswahl bekommt, desto …

A ☐ mehr Sitze erhält die Partei im Parlament.
B ☐ weniger Erststimmen kann sie haben.
C ☐ mehr Direktkandidaten der Partei ziehen ins Parlament ein.
D ☐ größer ist das Risiko, eine Koalition bilden zu müssen.

13 Womit kann man in der Bundesrepublik Deutschland geehrt werden, wenn man auf politischem, wirtschaftlichem, kulturellem, geistigem oder sozialem Gebiet eine besondere Leistung erbracht hat? Mit dem …

A ☐ Bundesadler
B ☐ Bundesverdienstkreuz
C ☐ Vaterländischen Verdienstorden
D ☐ Ehrentitel „Held der Deutschen Demokratischen Republik"

14 Eine Frau in Deutschland verliert ihre Arbeit. Was darf nicht der Grund für diese Entlassung sein?

A ☐ Die Frau ist lange krank und arbeitsunfähig.
B ☐ Die Frau kam oft zu spät zur Arbeit.
C ☐ Die Frau erledigt private Sachen während der Arbeitszeit.
D ☐ Die Frau bekommt ein Kind und ihr Chef weiß das.

Modelltest: Leben in Deutschland

15 **Wen vertreten die Gewerkschaften in Deutschland?**

A ☐ große Unternehmen
B ☐ kleine Unternehmen
C ☐ Selbständige
D ☒ Arbeitnehmer und Arbeitnehmerinnen

16 **Was war am 8. Mai 1945?**

A ☐ Tod Adolf Hitlers
B ☐ Beginn des Berliner Mauerbaus
C ☐ Wahl von Konrad Adenauer zum Bundeskanzler
D ☒ Ende des Zweiten Weltkriegs in Europa

17 **In welchem Jahr wurde Hitler Reichskanzler?**

A ☐ 1923
B ☐ 1927
C ☒ 1933
D ☐ 1936

18 **Was kennzeichnete den NS-Staat? Eine Politik …**

A ☒ des staatlichen Rassismus.
B ☐ der Meinungsfreiheit.
C ☐ der allgemeinen Religionsfreiheit.
D ☐ der Entwicklung der Demokratie.

19 **Wie hieß der erste Bundeskanzler der Bundesrepublik Deutschland?**

A ☒ Konrad Adenauer
B ☐ Kurt Georg Kiesinger
C ☐ Helmut Schmidt
D ☐ Willy Brandt

20 **Soziale Marktwirtschaft bedeutet, die Wirtschaft …**

A ☐ steuert sich allein nach Angebot und Nachfrage.
B ☐ wird vom Staat geplant und gesteuert, Angebot und Nachfrage werden nicht berücksichtigt.
C ☐ richtet sich nach der Nachfrage im Ausland.
D ☒ richtet sich nach Angebot und Nachfrage, aber der Staat sorgt für einen sozialen Ausgleich.

21 **Was wollte Willy Brandt mit seinem Kniefall 1970 im ehemaligen jüdischen Ghetto in Warschau ausdrücken?**

A ☐ Er hat sich den ehemaligen Alliierten unterworfen.
B ☒ Er bat Polen und die polnischen Juden um Vergebung.
C ☐ Er zeigte seine Demut vor dem Warschauer Pakt.
D ☐ Er sprach ein Gebet am Grab des Unbekannten Soldaten.

22 **Was bedeutete im Jahr 1989 in Deutschland das Wort „Montagsdemonstration"?**

A ☐ In der Bundesrepublik waren Demonstrationen nur am Montag erlaubt.
B ☒ Montags waren Demonstrationen gegen das DDR-Regime.
C ☐ Am ersten Montag im Monat trafen sich in der Bundesrepublik Deutschland Demonstranten.
D ☐ Montags demonstrierte man in der DDR gegen den Westen.

23 **Wer entscheidet, ob ein Kind in Deutschland in den Kindergarten geht?**

A ☐ der Staat
B ☐ die Bundesländer
C ☒ die Eltern / die Erziehungsberechtigten
D ☐ die Schulen

24 **In Deutschland hat man die besten Chancen auf einen gut bezahlten Arbeitsplatz, wenn man …**

A ☐ katholisch ist.
B ☒ gut ausgebildet ist.
C ☐ eine Frau ist.
D ☐ Mitglied einer Partei ist.

25 **Ein Ehepaar möchte in Deutschland ein Restaurant eröffnen. Was braucht es dazu unbedingt?**

A ☐ eine Erlaubnis der Polizei
B ☐ eine Genehmigung einer Partei
C ☐ eine Genehmigung des Einwohnermeldeamts
D ☒ eine Gaststättenerlaubnis von der zuständigen Behörde

26 **Was bedeutet in Deutschland der Grundsatz der Gleichbehandlung?**

A ☒ Niemand darf z. B. wegen einer Behinderung benachteiligt werden.
B ☐ Man darf andere Personen benachteiligen, wenn ausreichende persönliche Gründe hierfür vorliegen.
C ☐ Niemand darf gegen Personen klagen, wenn sie benachteiligt wurden.
D ☐ Es ist für alle Gesetz, benachteiligten Gruppen jährlich Geld zu spenden.

27 **Zu welchem Fest tragen Menschen in Deutschland bunte Kostüme und Masken?**

A ☒ am Rosenmontag
B ☐ am Maifeiertag
C ☐ beim Oktoberfest
D ☐ an Pfingsten

28 **Die Volkshochschule in Deutschland ist eine Einrichtung …**

A ☐ für den Religionsunterricht.
B ☐ nur für Jugendliche.
C ☒ zur Weiterbildung.
D ☐ nur für Rentner und Rentnerinnen.

29 **Was braucht man in Deutschland für eine Ehescheidung?**

A ☐ die Einwilligung der Eltern
B ☐ ein Attest eines Arztes / einer Ärztin
C ☐ die Einwilligung der Kinder
D ☒ die Unterstützung eines Anwalts / einer Anwältin

30 **Bei welchem Amt muss man in Deutschland in der Regel seinen Hund anmelden?**

A ☐ beim Finanzamt
B ☐ beim Einwohnermeldeamt
C ☒ bei der Kommune (Stadt oder Gemeinde)
D ☐ beim Gesundheitsamt

Länderspezifische Aufgaben

1 **Für wie viele Jahre wird das Landesparlament in Ihrem Bundesland gewählt?**

A ☐ 3
B ☐ 4
C ☒ 5
D ☐ 6

2 **Wie nennt man den Regierungschef/ die Regierungschefin in Ihrem Bundesland?**

A ☐ Regierender Bürgermeister / Regierende Bürgermeisterin
B ☐ Präsident / Präsidentin des Senats
C ☐ Erster Bürgermeister / Erste Bürgermeisterin
D ☒ Ministerpräsident / Ministerpräsidentin

3 **Wo können Sie sich in Ihrem Bundesland über politische Themen orientieren?**

A ☒ beim Ordnungsamt der Gemeinde
B ☐ bei der Verbraucherzentrale
C ☐ bei der Landeszentrale für politische Bildung
D ☐ bei den Kirchen

Informationen zu Ihrem Bundesland

Notieren Sie hier die Informationen zu Ihrem Bundesland.

Bundesland: ______________________________

Frage 1: ______________________________

Antwort: ______________________________

Frage 2: ______________________________

Antwort: ______________________________

Frage 3: ______________________________

Antwort: ______________________________

Frage 4: ______________________________

Antwort: ______________________________

Frage 5: ______________________________

Antwort: ______________________________

Frage 6: ______________________________

Antwort: ______________________________

Frage 7: ______________________________

Antwort: ______________________________

Frage 8: ______________________________

Antwort: ______________________________

Frage 9: ______________________________

Antwort: ______________________________

Frage 10: ______________________________

Antwort: ______________________________

Projektideen und Exkursionen

A Exkursion I: Meine Stadt

1 Wie war das Leben in Ihrem Wohn- oder Kursort zwischen 1933 und 1945? Recherchieren Sie in der Stadtbibliothek, im Internet und im Stadt- oder Heimatmuseum: Wie erlebten die Leute Nationalsozialismus und Krieg? Wie sehr war die Stadt von Deportationen und Zerstörung betroffen?

2 Wie sieht Ihr Wohn- oder Kursort heute aus? Sammeln Sie (bei der Stadtverwaltung, im Internet, im Gespräch mit Leuten ...) Informationen zu den folgenden Fragen:

- Wie viele Einwohner hat Ihr Ort?
- Wie hoch ist der Ausländeranteil?
- Welche Religionsgemeinschaften gibt es?
- Wie funktioniert das Zusammenleben der verschiedenen gesellschaftlichen Gruppen (zum Beispiel zwischen Menschen, die in dem Ort geboren sind, und Zugezogenen, Deutschen und Ausländern, Jüngeren und Älteren)?
- Welche Wirtschaftszweige sind wichtig?
- Welche Parteien sind im Gemeinderat vertreten? Wie viele Sitze haben sie?
- Wie heißt der Bürgermeister/die Bürgermeisterin? Gehört er/sie einer Partei an? Wenn ja, welcher?
- Welche politischen Themen sind aktuell (z. B. Straßenverkehr, finanzielle Unterstützung für Sportvereine oder Kultur, Gebühren für die Müllabfuhr etc.)?
- Welche Aufgaben gibt es für die Zukunft?

3 Sie sollen einer Besuchergruppe Ihren Wohn- oder Kursort zeigen. Stellen Sie ein Besuchsprogramm zusammen. Überlegen Sie:

- Gibt es besondere Sehenswürdigkeiten? Was würden Sie den Besuchern als erstes zeigen?
- Welche Orts- und Stadtteile mit welchen Besonderheiten gibt es?
- Was wissen Sie über die Geschichte des Ortes?
- Gibt es lokale Traditionen, z. B. Volksfeste?

4 Suchen Sie Fotos von Ihrem Wohn- oder Kursort früher und heute. Beschreiben Sie die Veränderungen.

B Politik

1 Informieren Sie sich über die aktuelle Politik.

- Welche Bundesministerien gibt es?
- Wer hat welche Ministerposten?
- Wie heißen die Bundestags- und Landtagsabgeordneten aus Ihrer Region?
- Zu welchen Parteien gehören sie?
- Welche Parteien regieren in Ihrem Bundesland?
- Wer ist Regierungschef oder Regierungschefin?
- Welche Landesministerien gibt es?
- Wie heißen die Landesminister und -ministerinnen?

2 Sammeln Sie die Informationen auf einer Wandzeitung im Kursraum.

C Exkursion II: Stadtspaziergang Berlin

Berlin ist seit 1999 Sitz von Regierung und Bundestag der Bundesrepublik Deutschland und nach dem Mauerfall 1989 wieder eine europäische Metropole.
In Berlin fanden seit der Gründung des deutschen Reiches 1871 historisch, politisch, wirtschaftlich und kulturell bedeutende Ereignisse und Entwicklungen statt, die das Leben in Deutschland und Europa stark beeinflussten.
Auf unserem Stadtspaziergang besuchen wir Orte und Gedenkorte, die für die Politik und Geschichte Deutschlands und Europas im 20. Jahrhundert besonders wichtig waren. Schwerpunkt ist die Zeit ab 1933. Bei unserem Stadtspaziergang geht es um Diktatur, Unterdrückung Befreiung und Demokratie.
Unsere Exkursion besteht aus zwölf Stationen. An den Stationen befinden sich ausführliche Informationstafeln. Die Antworten auf die Fragen, die während der Exkursion gestellt werden, finden Sie auf den Informationstafeln vor Ort oder auf den im Text angegebenen Internetseiten.
Ausführliche Informationen über Berlin und die deutsche Geschichte bieten auch diese Webseiten:

- LEMO – Lebendiges Museum Online, ein Online-Portal des Deutschen Historischen Museums, Berlin: *www.dhm.de/lemo*
- Berlin im Überblick – Geschichte:
  - *www.berlin.de/berlinimueberblick/geschichte*
  - *www.berlin.de/geschichte*
- Bundeszentrale für politische Bildung:
  - *www.bpb.de/geschichte/deutschegeschichte*
  - *www.bpb.de/shop/zeitschriften/informationenzurpolitischenbildung*

  Viele Publikationen werden zum kostenlosen Download oder zur Onlinelektüre angeboten.
- Die Smartphone-App „Die Berliner Mauer" der Bundeszentrale für politische Bildung präsentiert Touren entlang der Mauer und eine Fülle an Informationen zu Politik und Geschichte. Die App ist bei den gängigen App-Anbietern verfügbar.

1 Beschreibung des Stadtspaziergangs in Berlin

Wir beginnen unseren Spaziergang auf dem ❶ **Potsdamer Platz** an der historischen Ampelanlage. Sie erinnert an die Betriebsamkeit an dieser Stelle in den 20er und 30er Jahren des letzten Jahrhunderts, als man hier aufgrund des enormen Verkehrsaufkommens die erste Ampelanlage Europas installierte. Im Zweiten Weltkrieg fast vollständig zerstört, lag der Potsdamer Platz seit dem Mauerbau 1961 brach. Die Grenzanlagen der DDR reichten bis zur Mitte des Platzes. Den ehemaligen Grenzverlauf markiert heute eine Pflastersteinreihe.
Siehe auch *www.visitberlin.de* mit den Suchwörtern » Potsdamer Platz .
Siehe ferner die App zur Berliner Mauer.

Wir wenden uns zum Fußgängerüberweg Richtung S-Bahn-Bahnhof und *Ebertstraße*. Unmittelbar links neben dem Fußgängerüberweg befindet sich eine Informationssäule mit Daten zur Berliner Mauer.

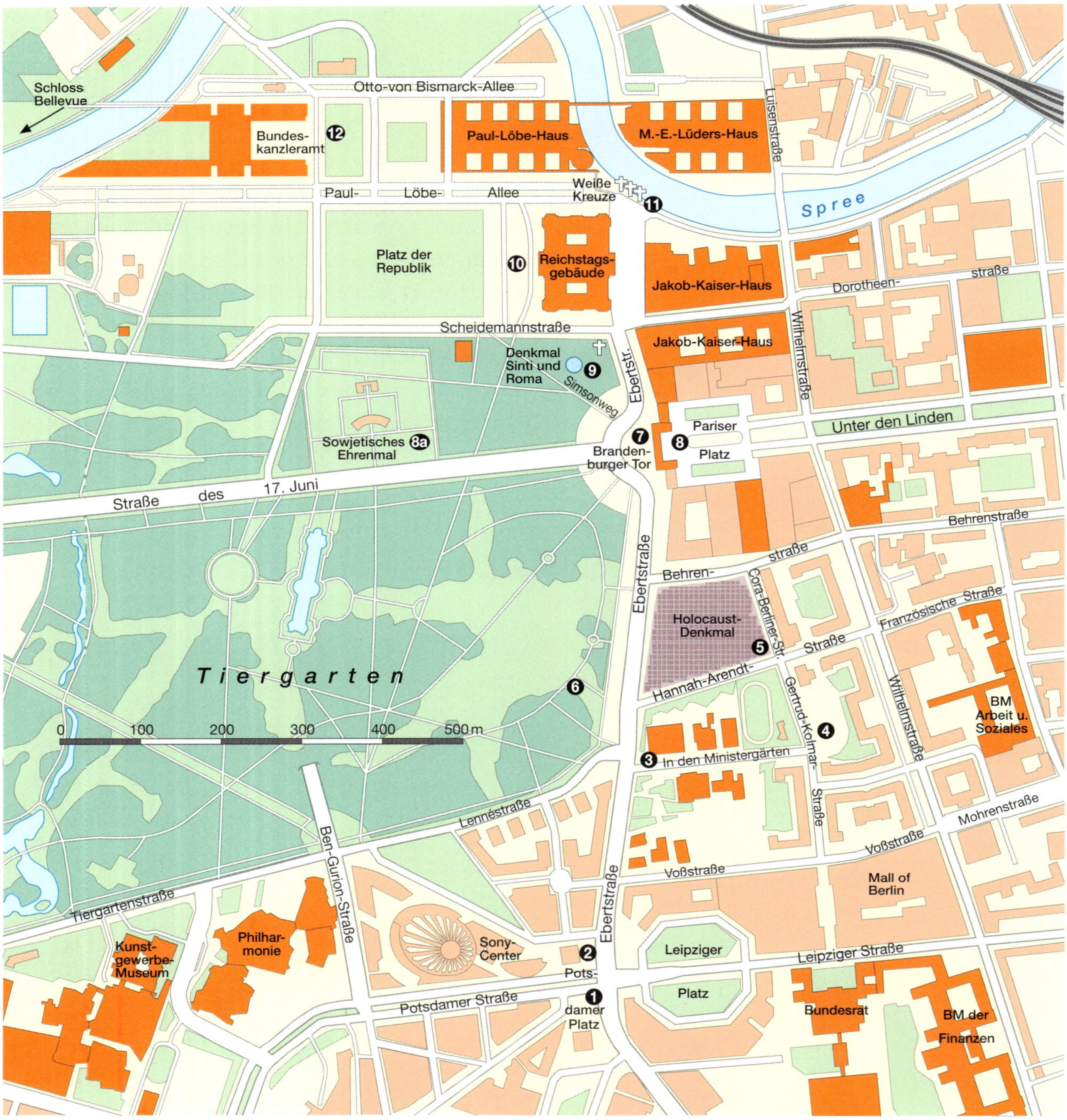

Aufgaben ❶

- Wie lang war die Mauer zwischen Ost- und West-Berlin?
- Wie lang war die Mauer zwischen dem DDR-Gebiet und West-Berlin?
- Wie hoch war die Mauer?
- Wie viele Menschen starben an der Mauer?
- Von wann bis wann gab es die Mauer?

Wir gehen über die *Potsdamer Straße* und erreichen die auf dem Vorplatz zur S-Bahn-Station aufgestellten ❷ **Mauerelemente**, zwischen denen Informationstafeln eingefügt wurden. Die Berliner Mauer verlief nicht an dieser Stelle. Beachten Sie die Pflastersteinreihe am Straßenrand. An der rostfarbenen Infosäule unmittelbar neben den Mauerelementen können Sie sich per Audio-Guide über die Berliner Mauer und die aufgestellten Mauerelemente informieren.

Aufgaben ❷

- Auf einer der Infotafeln werden die Grenzübergangsstellen zwischen West- und Ost-Berlin genannt. Nennen Sie fünf.
- Was ist das „Das Grüne Band“?

Wir gehen die *Eberstraße* weiter in Richtung *Brandenburger Tor*. Auf der Höhe *Lenné-Straße* überqueren wir die Fahrbahn und gehen in die Straße ❸ **„In den Ministergärten“**.

Hier sind die Landesvertretungen von sieben Bundesländern.
Siehe *www.berlin.de* mit dem Suchwort » Landesvertretungen

Aufgaben ❸

- Welche Bundesländer haben ihre Landesvertretungen „In den Ministergärten“?
- Was steht vor der Landesvertretung Hessens?

Wir folgen der Straße bis zur nächsten Querstraße, der *Gertrud-Kolmar-Straße*. Dort öffnet sich eine Freifläche, die heute als Parkplatz genutzt wird. Bis 1945 war dieses Areal Teil der Neuen Reichskanzlei und barg den ❹ **Bunker unter der Reichskanzlei**, den sogenannten „Führer-Bunker“.
Siehe *www.dhm.de/lemo/kapitel/der-zweite-weltkrieg/kriegsverlauf/schlacht-um-berlin-1945.html* und *berliner-unterwelten.de* mit dem Suchwort » Führerbunker

Die am Rand des Parkplatzes angebrachte Informationstafel „Mythos und Geschichtszeugnis – Führerbunker“ bietet die wichtigsten Fakten zu diesem seit 1959 nicht mehr zugänglichen unterirdischen Gebäude.

Aufgaben ❹

- Wann gab Hitler den Befehl zum Bau der neuen, verstärkten Bunkeranlage?
- Wann wurde die Bunkeranlage gesprengt?

Nach der Lektüre der Texte auf der Informationstafel wenden wir uns links bis zur *Hannah-Arendt-Straße*. Dort, an der Ecke zur *Cora-Berliner-Straße*, blicken wir auf das Stelenfeld des ❺ **Denkmals für die ermordeten Juden Europas**. Dies ist die zentrale Holocaustgedenkstätte Deutschlands, ein Ort der Erinnerung und des Gedenkens an die jüdischen Opfer des Holocaust. Wir besuchen den „Ort der Information“.
Weitere Informationen unter: *www.stiftung-denkmal.de/denkmaeler/denkmal-fuer-die-ermordeten-juden-europas.html* und *www.dhm.de/lemo/kapitel/ns-regime/ausgrenzung-und-verfolgung.html*

Aufgaben ❺

- Wie viele Stelen stehen auf dem Areal des Denkmals?
- Wen repräsentieren die sechs Porträts im Auftaktbereich der Ausstellung?
- Was ist der Raum der Namen?

Wir verlassen den „Ort der Information" und gehen durch das Stelenfeld bis zur Ecke *Hanna-Arndt-Straße/Ebertstraße*, die wir dort überqueren.

Nach wenigen Schritten in den Tiergarten hinein, kommen wir zum ❻ **Denkmal für die im Nationalsozialismus verfolgten Homosexuellen**.
Siehe auch: *www.stiftung-denkmal.de/denkmaeler/denkmal-fuer-die-verfolgten-homosexuellen*, *www.rosa-winkel.de* und *www.lernen-aus-der-geschichte.de* mit den Suchwörtern
›› nationalsozialistische Homosexuellenverfolgung

Aufgabe ❻

– Was sehen Sie, wenn Sie durch das Fenster in das Denkmal hinein schauen?

Wir wenden uns rechts und gehen, das Goethe-Denkmal mit Informationstafel passierend, am Rande des Tiergartens oder entlang der *Ebertstraße* Richtung *Brandenburger Tor.*

Das ❼ **Brandenburger Tor** ist im 20. Jahrhundert Symbol für die Teilung und Wiedervereinigung Deutschlands. Man mag, betrachtet man die Ursachen für die Teilung, auch an den Durchmarsch der SA durch das Brandenburger Tor am Tag der Ernennung Hitlers zum Reichskanzler denken. Unmittelbar westlich vom Brandenburger Tor verlief die Berliner Mauer. Man erkennt die Position an der Pflastersteinreihe auf der Straße. Von östlicher Seite aus war während der Teilung Berlins das Brandenburger Tor für die Bevölkerung nicht zugänglich.

Vor dem Brandenburger Tor stehen zwei Informationstafeln mit Informationen über das Gebäude und den Platz. Hier finden Sie die Antworten auf die Fragen.
Siehe auch: *www.berlin.de* mit den Suchwörtern ›› Brandenburger Tor.

Der Platz westlich vom Brandenburger Tor ist der *Platz des 18. März* (1848). In Folge der Revolution 1848 in Frankreich (Abdankung des Königs, Proklamation der Republik am 24. 02. 1848) kam es in ganz Deutschland zu Protesten und Kämpfen. Kernforderungen waren die Schaffung von Nationalstaaten, ein demokratisches Herrschaftssystem und Sozialverfassungen, die die Nöte der zunehmenden Industrialisierung mildern sollten. Am 18. März 1848 starben in Berlin bei Barrikadenkämpfen 300 Menschen. Der preußische König ging auf die Forderungen ein und die Protestierenden sahen sich auf dem Weg zu einer konstitutionellen Monarchie in Preußen. Zum weiteren Verlauf der Märzrevolution siehe: *www.dhm.de/lemo/kapitel/vormaerz-und-revolution/revolution-1848.html*

Aufgaben ❼

– Lesen Sie die Informationstafel zum Brandenburger Tor. Warum ist der mittlere Durchgang des Brandenburger Tors breiter als die anderen Durchgänge?
– Lesen Sie die Informationstafel zum 18. März 1848. Warum heißt der Platz westlich vom Brandenburger Tor *Platz des 18. März*?
– Von wem stammt der Satz „Wir sind das Volk!", der 1989 auf Demonstrationen gegen die SED-Herrschaft gerufen wurde?

Wir durchschreiten das Brandenburger Tor und befinden uns auf dem ❽ **Pariser Platz**. Wir blicken nach Osten, der Straße *Unter den Linden* entlang. Auf dem Brandenburger Tor steht eine Quadriga mit der Siegesgöttin Victoria, die ein preußisches Feldzeichen in der Hand hält.

Aufgaben ❽

- Sie sind durch das Brandenburger Tor gegangen und blicken jetzt Richtung Osten. Links sehen Sie eine Botschaft. Welches Land hat hier seine Botschaft?
- Schräg gegenüber, neben dem Hotel Adlon, ist eine Akademie. Wie heißt diese Akademie?
- Wir blicken auf das Brandenburger Tor sehen dort eine Göttin auf einer Quadriga. Wie heißt die Göttin?

Zurück auf dem Platz des 18. März bietet sich ein Abstecher zum 8a **Sowjetischen Ehrenmal** am Tiergarten an. Wir folgen der *Straße des 17. Juni* und erreichen nach wenigen Schritten den Haupteingang zu diesem Ehrenmal, das 1945 auf Anordnung der sowjetischen Militäradministration gebaut wurde.
Siehe: *www.stadtentwicklung.berlin.de/umwelt/stadtgruen/friedhoefe_begraebnisstaetten/de/sowjet_ehrenmale/tiergarten*

Aufgaben 8a

- Warum steht ein sowjetisches Ehrenmal in Berlin?
- Was steht links und rechts vom Hauptzugang zum Ehrenmal?

Verzichtet man auf diesen Abstecher, gehen wir vom Platz des 18. März schräg rechts in den Tiergarten hinein. Dort nehmen wir den *Simsonweg*, an dem nach ca. 50 Metern rechts

❾ das **Denkmal für die im Nationalsozialismus ermordeten Sinti und Roma Europas** liegt. Wir betreten das Denkmal. Ein Brunnen mit einem versenkbaren Stein in Dreieckform, auf den täglich eine frische Blume gelegt wird, erinnert an die ermordeten Angehörigen der Sinti, Roma, Lalleri, Lowara und Manusch.
Zu den historischen Hintergründen siehe: *www.dhm.de/lemo/kapitel/ns-regime/ausgrenzung-und-verfolgung/sinti-und-roma.html* und ferner: *www.stiftung-denkmal.de/denkmaeler/denkmal-fuer-die-ermordeten-sinti-und-roma/chronologie-des-voelkermords-an-den-sinti-und-roma.html*

Wir lesen auf den großen Glastafeln die Stationen der Leidensgeschichte dieser Minderheit in Deutschland und Europa.

Aufgaben ❾

- Wann begann in Deutschland die Verschleppung der Sinti und Roma in die Konzentrationslager?
- Wann gab Himmler den Befehl, die Sinti und Roma aus ganz Europa in das Konzentrationslager Auschwitz-Birkenau zu verschleppen?

Wir kehren auf den Simsonweg zurück und gehen rechts direkt zum Reichstagsgebäude.

Wir gehen weiter zum ❿ **Hauptportal des Reichstagsgebäude**. 1894 feierlich eingeweiht, zerstörte 1933 ein vorsätzlich gelegter Band den Plenarsaal. Während der Kämpfe um Berlin 1945 wurde das Gebäude schwer beschädigt. 1973 wurde der Reichstag wieder aufgebaut und diente als Ausstellungsort. Am 4. Oktober 1990 fand die erste Sitzung des Deutschen Bundestags im wiedervereinigten Deutschland im Reichstagsgebäude statt.
Zur Geschichte des Gebäudes siehe: *www.bundestag.de/kulturundgeschichte/architektur/reichstag/geschichte*

Aufgaben ❿
- Links und rechts vom Eingang sehen Sie Wappen:
  Wie viele Wappen sind es und was könnten sie repräsentieren?

Vor dem Hauptportal stehend sehen wir links und rechts von der Säulenreihe die Wappen der Bundesstaaten, die 1871 das Deutsche Reich gründeten. Wir zählen 20 Wappen, aber 27 Staaten gründeten das Reich. Wappen, die ähnlich oder identisch waren, wurden durch ein einzelnes Wappen repräsentiert. So zum Beispiel bei den Hansestädten Lübeck, Bremen und Hamburg.
Siehe *www.bundestag.de/dokumente/textarchiv/2014/kw34_rtg_beschreibung/284850*

Wir gehen nun um das Reichstagsgebäude herum bis an die Spree.

Dort sehen wir den Gedenkort ⓫ **„Weiße Kreuze“**. Ein Berliner Verein stiftete 1971 die Gedenkstätte anlässlich des zehnten Jahrestages des Mauerbaus. Damals verlief die Mauer direkt am Ufer. Hier brachte der Verein die ersten Kreuze an. Ursprünglich sollten Kreuze an jedem Ort entlang der Mauer stehen, an denen ein Mensch auf dem Weg von Ost nach West getötet wurde.
1995 zog die Gedenkstätte aufgrund der Baumaßnahmen am Reichstag und der Errichtung des Marie-Elisabeth-Lüders-Hauses von der Spree an die Ecke *Ebert-/Scheidemannstraße*. 2003, am fünfzigsten Jahrestag des Mauerbaus, wurden die Kreuze wieder an ihren ursprünglichen Ort verbracht. Am Tiergarten stehen weiterhin Kreuze, die an die Mauertoten erinnern.
Siehe: *www.berlin.de/mauer/orte/gedenkorte/artikel.297891.php*

Aufgaben ⓫
- Wie hieß der erste Mauertote und wann wurde er getötet?
- Wem ist das Kreuz rechts außen gewidmet?
- Sie sehen links eine Informationstafel.
  Wo verlief die Grenze zwischen West- und Ost-Berlin an dieser Stelle?

Wir gehen nun am Paul-Löbe-Haus vorbei, hier haben die Bundestagsabgeordneten ihre Büros, hier befinden sich Sitzungssäle für die Parlamentarier, zum ⓬ **Bundeskanzleramt**, dem Amtssitz des Bundeskanzlers.

Unser Blick fällt in den Ehrenhof des **Bundeskanzleramtes**. Hier werden ausländische Staatsgäste empfangen. Die Skulptur „Berlin“ des spanischen Künstlers Eduardo Chillida soll den Prozess der Wiedervereinigung Deutschlands symbolisieren.

Siehe auch: *www.bundesregierung.de/Content/DE/StatischeSeiten/Breg/element-geschichte-und-architektur-des-kanzleramts.html?nn=391346* und *www.planet-wissen.de* mit den Suchwörtern:
» Berliner Bundeskanzleramt

Aufgaben ⓬
– Schauen Sie sich die Skulptur im Innenhof des Bundeskanzleramts an. Was könnte sie symbolisieren?

Hier endet unser Spaziergang.

Steht noch reichlich Zeit zur Verfügung, können wir den Spaziergang bis zum **Schloss Bellevue**, dem Amtssitz des Bundespräsidenten, verlängern. Hierzu wenden wir uns vom Bundeskanzleramt nach rechts und folgen der *Willy-Brandt-Straße* Richtung Hauptbahnhof über die Spree. Gleich hinter der Brücke gehen wir links hinunter zur Spree. Dort stoßen wir auf das *Magnus-Hirschfeld-Ufer*. Dieser Weg führt unmittelbar an der Spree entlang bis in die Nähe von Schloss Bellevue. Wir gehen zunächst eine ganze Weile bis zur nächsten Straßenbrücke. Dort steigen wir hinauf zur *Paulstraße* und gehen links über die *Lutherbrücke*. Nach wenigen Schritten sehen wir rechter Hand das Schloss Bellevue.

Joachim Becker
Berlin, 2016

Hörtexte

MODUL 1 Politik in der Demokratie

Die Würde des Menschen: S. 10–14

8b | 8c

1. Natalia Masur

Ich habe vierzig Jahre meines Lebens in der ehemaligen DDR verbracht und lebe jetzt seit mehr als 25 Jahren im wiedervereinigten Deutschland. Sicher ist bei der Wiedervereinigung nicht alles optimal gewesen, viele Leute haben zum Beispiel ihre Arbeit verloren, viele haben ihre Heimat verlassen, um in anderen Regionen in Deutschland Arbeit zu suchen. Auch ich habe meine Arbeit kurz nach der Wiedervereinigung verloren und erst nach einem Jahr eine Stelle bei der Stadtverwaltung meiner Heimatstadt Chemnitz gefunden. Trotz aller Probleme bin ich aber froh, dass es die DDR nicht mehr gibt. Uns DDR-Bürgern war es verboten, ins Ausland zu reisen, der Staat hat unser Leben von der Ferienzeit über die Arbeitssuche bis zur Wohnungssuche komplett kontrolliert und man musste sehr vorsichtig sein, wenn man eine kritische Meinung zur Regierung und zu dem politische System hatte. Oft hatten Kinder, z. B. aus christlichen Familien, große Probleme, wenn sie studieren wollten. Heute ist das anders. Wir haben mehr Freiheiten, das Leben ist weniger reglementiert, man kann reisen, wohin man will.

2. Haile Girmai

Ich habe mich in meinem Heimatland für freie Wahlen engagiert. Ich sollte dann von der Polizei verhaftet werden, konnte aber im letzten Moment fliehen. In meinem Heimatland sitzen viele Menschen im Gefängnis, ohne dass sie auf einen fairen Prozess hoffen können und nur, weil sie die Regierung kritisiert haben. Seit 2014 bin ich in Deutschland und seit einem Jahr bin ich als Asylant anerkannt. Hier in Deutschland gibt es mehr Rechtssicherheit. Man kann nicht so einfach ins Gefängnis kommen, weil man eine andere Meinung als die Regierung hat, und selbst wenn es Probleme mit der Justiz gibt, so gibt es hier faire Prozesse. Die Menschen und somit auch ich leben hier also viel sicherer als in meiner Heimat. Schade finde ich allerdings, dass ich nicht wie in meiner Heimat als Jurist arbeiten kann. Meine Ausbildung ist nicht anerkannt, aber ich bin froh, dass ich einen Job als Lagerarbeiter gefunden habe.

3. Mareike Schmidt

Ich bin in der Bundesrepublik Deutschland geboren und aufgewachsen. Natürlich ist in unserem Land nicht alles perfekt, aber ich fühle mich hier sehr wohl. Wir Frauen haben viele Freiheiten, niemand kann mir verbieten, einen Beruf zu lernen. Ich konnte mich nach dem Abitur frei entscheiden, dass ich Mathematik studieren wollte. Meine Eltern waren sehr überrascht, als ich ihnen kurz nach meinem 18. Geburtstag gesagt habe, dass ich ausziehen und mir eine eigene Wohnung suchen möchte. Sie waren damit nicht ganz zufrieden, weil ich noch Schülerin war, aber sie haben mich unterstützt und mir finanziell geholfen. Es ist gut, dass Erwachsene mit 18 Jahren ihr Leben selbst bestimmen können.

4. Reinhart Connor

Als Journalist habe ich schon in vielen Ländern gearbeitet. Zurzeit arbeite ich für verschiedene kanadische Agenturen und Medien in Berlin. Ich finde es angenehm, dass ich hier als Journalist keine Sorge haben muss, dass ich zu kritisch berichte, so dass ich Probleme mit den Behörden bekomme und dass ich keine staatliche Erlaubnis brauche, wenn ich zum Beispiel eine Reportage über Armut in Deutschland machen möchte. Auch kann ich Leute auf der Straße frei interviewen und die können frei ihre Meinung sagen. Ich war in vielen Ländern, wo das anders ist, wo man keine Straßeninterviews machen darf und man bei den Reportagen und Berichten immer aufpassen muss, dass man nicht etwas schreibt, was der Regierung nicht gefällt. Dann kann es sehr schnell passieren, dass man das Land verlassen muss. Mir ist das auch einmal passiert.

Pflichten – Aufgaben – Leistungen: S. 21–22

1

Moderator: Liebe Hörerinnen und Hörer, heute geht es um die Frage, was die Menschen in Deutschland von den staatlichen Behörden und von der Regierung erwarten. Der Staat, also Ämter, Behörden, die Polizei, die Regierung organisieren und regeln unser Leben und erwarten von uns Bürgern z. B., dass wir uns an die Gesetze halten, unsere Kinder erziehen, arbeiten gehen und so weiter. Aber was können wir Bürger eigentlich vom Staat erwarten, was soll der Staat für uns tun? Diese Frage möchte ich heute mit einigen Bürgern besprechen. Ich begrüße Frau Sadowska aus der Ukraine, die seit sieben Jahren in Kassel lebt, Herrn Huschke aus Tübingen und Frau Binder aus Stralsund. Wir beginnen unsere Runde, indem Sie alle mal ganz kurz sagen, was Sie vom Staat erwarten. Frau Sadowska, möchten Sie beginnen?

Frau Sadowska: Ja gerne, ich komme aus Kiev und bin nach Deutschland gekommen, weil mein Mann Deutscher ist. Nachdem ich hier angekommen war, musste ich einige Male zum Ausländeramt, aber es gab immer sehr lange Wartezeiten und nicht nur dort, auch bei anderen Behörden kommt es oft vor, dass man lange warten muss. Ich würde mir wünschen, dass die Städte in den Ämtern mehr Personal einstellen.

Moderator: Was sagen Sie, Herr Huschke?

Herr Huschke: Ich erwarte vom Staat vor allem, dass er für Sicherheit sorgt. Ich wohne in einer großen Stadt und es ist nicht immer angenehm, mit der U-Bahn und der S-Bahn zu fahren. Es gibt z. B. oft Betrunkene und auch auf den Straßen und Plätzen meiner Heimatstadt ist Kriminalität ein Problem. Ich würde mir wünschen, dass es mehr Polizeikontrollen gibt.

Moderator: Nun zu Frau Binder.

Frau Binder: Ja, Sicherheit ist wichtig, aber ich finde es auch wichtig, dass unsere Gesellschaft sozial gerecht ist. Der Staat muss arme Menschen unterstützen und dafür sorgen, dass alle Kinder, egal was für ein Elternhaus sie haben, die gleichen Chancen auf Bildung haben. Auch sonst muss der Staat für soziale Sicherheit sorgen, z. B. durch gute Krankenversicherungen und ein gerechtes Rentensystem, damit niemand Angst haben muss, dass er oder sie im Alter arm ist.

Engagement am Wohnort: S. 36

1a | 1b

Moderator: In unserer Reihe „Bürger engagieren sich" haben wir einige Mitbürger eingeladen, die im öffentlichen Leben ehrenamtlich aktiv sind. Als Gäste sind bei mir Frau Neureuther, Frau Tesch, Herr Idler und Herr Sgroi. Ich schlage vor, dass Sie, Herr Sgroi, zuerst unseren Zuhörern erzählen, was Sie machen.

Herr Sgroi: Ja, also … dann fange ich mal an. Ich bin aktiver Fußballer und auch meine beiden Töchter spielen Fußball im Verein. So bin ich auf die Idee gekommen nicht nur in der zweiten Herrenmannschaft unseres Vereins zu spielen, sondern auch als Trainer zu arbeiten. Ich habe einen Trainerschein gemacht und trainiere jetzt zweimal pro Woche eine Jugendmannschaft. Der Kontakt zu den Jugendlichen macht mir großen Spaß. Ich freue mich, wenn sie sich engagieren und ich merke, dass sie wirklich etwas leisten wollen.

Moderator: Bekommen Sie für diese Arbeit Geld?

Herr Sgroi: Ja, ich bekomme 120 Euro im Monat, aber das ist natürlich nicht viel. Mehr kann der Verein auch nicht bezahlen. Ich mache das auch nicht wegen des Geldes. Wichtig ist mir, dass ich Kontakt zu jungen Leuten habe und sie in ihrer persönlichen Entwicklung unterstützen kann.

Moderator: Was machen Sie, Frau Neureuther?

Frau Neureuther: Mein Sohn geht in die neunte Klasse der Realschule. Ich bin im Elternbeirat der Schule aktiv. Ich finde es wichtig, dass die Eltern bei Themen mitsprechen können, die in der Schule ihrer Kinder wichtig sind, z. B. beim Essen in der Schulmensa oder flexiblen Ferientagen. Oft kommen Eltern zu uns, die besondere Wünsche oder Probleme haben und dann sprechen wir mit der Schulleitung darüber. Wir organisieren auch Feste und verschiedene Veranstaltungen.

Moderator: Kann man sagen, dass Sie ein Mitbestimmungsrecht haben?

Frau Neureuther: Nein, das sicher nicht, obwohl einige Eltern sich das vielleicht wünschen. Über den Unterricht und die Themen im Unterricht entscheiden die Schulen beziehungsweise das Kultusministerium. Aber wir beraten die Schulleitung und die Lehrer, die es auch wichtig finden, unsere Meinung zu hören.

Moderator: Nun zu Ihnen, Frau Tesch.

Frau Tesch: Der Ort, in dem ich wohne, ist zu klein für eine Berufsfeuerwehr. Deshalb haben wir die freiwillige Feuerwehr, bei der ich Mitglied bin. Schon mein Vater war Mitglied, und so war auch für mich ganz klar, dass ich bei der freiwilligen Feuerwehr mitmache. Die freiwillige Feuerwehr ist natürlich sehr wichtig, denn bei Bränden, aber auch bei Hochwasser, muss so schnell wie möglich Hilfe kommen. Aber mir machen auch die gemeinsamen Übungen Spaß. Wir sind ein gutes Team und viele Mitglieder bei uns haben auch privat Kontakt.

Herr Idler: Ja, dann sage ich auch noch was. Mein Name ist Per Idler, ich bin bei der Unterroder Tafel aktiv. Wie ich dazu gekommen bin? Nun, ich hatte vor einigen Jahren auch einmal eine schwierige Situation, ich hatte keine Arbeit und kein Geld mehr, weshalb ich zur Unterroder Tafel gegangen bin, bei der Menschen ohne Arbeit oder mit finanziellen Problemen für wenig Geld ein Essen bekommen oder billig einkaufen können. Ich finde das Angebot sehr gut, und weil ich damals nichts weiter zu tun hatte, habe ich dann selbst beim Verkauf der Lebensmittel geholfen. So hatte ich wieder eine sinnvolle Beschäftigung. Zum Glück habe ich jetzt wieder einen Job und verdiene genug Geld für mich. Aber wenn ich Zeit habe, bin ich immer noch bei der Tafel aktiv.

MODUL 2 Geschichte und Verantwortung

Die Europäische Union 2016: S. 59

1a | 1b

Roman: Sag mal Michelle, was sagst du eigentlich dazu, dass in Großbritannien eine Mehrheit für einen Austritt aus der EU gestimmt hat?

Michelle: Meinst du den Brexit, Roman? Also vielleicht haben die Briten recht. Es ist nicht gut, dass so viele Dinge in Brüssel entschieden werden und die Interessen der einzelnen Staaten nicht mehr berücksichtigt werden.

Roman: Na ja, aber wir leben nun einmal in einer Welt, in der alle Staaten zusammenarbeiten und voneinander abhängig sind. Da sollte sich ein einzelner Staat nicht isolieren.

Michelle: Vielleicht stimmt das, aber die aktuelle Entwicklung in Europa zeigt doch, dass die Zusammenarbeit nicht klappt. Jetzt, wo zum Beispiel so viele Flüchtlinge nach Europa kommen, denkt jeder EU-Staat nur an sich und ist froh, wenn die Leute in anderen Ländern bleiben.

Roman: Es ist aber sehr gefährlich, wenn die Länder glauben, dass sie ihre Probleme am besten lösen, wenn sie mit anderen weniger zusammenarbeiten. Wir sind doch alle voneinander abhängig. Das gilt für die Umweltprobleme, aber auch für die Wirtschaft. Kein Land ist heute stark genug, die Umweltprobleme allein zu lösen und auch kann kein Land in der Welt allein alle Waren produzieren, die die Menschen brauchen.

Michelle: Aber viele Leute haben das Gefühl, dass ihre Meinung in einer EU mit mehr als 500 Millionen Einwohnern nichts mehr zählt. Außerdem sind die Staaten so unterschiedlich. Es gibt arme und reiche Staaten, in vielen Staaten läuft die Wirtschaft schlecht, in einigen sehr gut, das funktioniert doch alles nicht so richtig!

Roman: Jetzt bist du aber sehr pessimistisch! Natürlich gibt es viele Probleme und ich glaube auch, dass die Probleme in der EU jetzt größer sind als noch vor ein paar Jahren und man spricht sehr viel von Krisen: Eurokrise, Flüchtlingskrise. Aber das ist für mich kein Grund, nun wieder alle Grenzen zu schließen, den Euro aufzugeben und die Reisefreiheit der EU-Bürger einzuschränken.

Michelle: Ich bin nicht pessimistisch, ich bin skeptisch. Die Zukunft der EU ist jetzt viel unklarer als zum Beispiel noch vor drei oder vier Jahren.

Roman: Da kann ich dir zustimmen ... Wie siehst du eigentlich die EU, Lailah? Du bist doch aus Syrien nach Deutschland geflohen und warst zuerst in Italien.

Lailah: Ach, ich weiß eigentlich gar nicht, was ich zu dem Thema sagen soll. Mir scheint, dass sowieso alle Grenzen geschlossen sind.

Michelle: Warum sagst du das?

Lailah: Ihr wisst ja, dass ich 2013 über Ägypten und mit einem Boot über das Mittelmeer nach Italien gekommen bin. Es war dann zwar nicht ganz einfach, aber auch nicht vollkommen unmöglich, von Italien weiter nach Deutschland zu kommen. Damit hatte ich noch großes Glück, heute ist das anders. Die vielen Zäune und die neuen Grenzkontrollen machen es für Menschen ohne Papiere jetzt fast unmöglich, sich in Europa zu bewegen. Ich kenne viele andere Leute aus meinem Heimatland, die in Deutschland leben, die aber Verwandte haben, die jetzt in irgendeinem Land in Europa festsitzen und nicht weiterkommen.

MODUL 3

Mensch und Gesellschaft

Gleichberechtigung und Gleichbehandlung im Alltag: S. 71–73

1a | 1b

- Also, was denkst du? Findest du, es gibt hier passende Fotos zu unserem Thema „Männer und Frauen heute"?

- Ja, ich denke schon. Interessant ist zum Beispiel das Bild, wo die beiden Männer und die Frau vor der Tafel stehen. Ich glaube, die Frau erklärt den beiden Männern etwas zur deutschen Grammatik.

- Oder erklärt einer von den beiden Männern etwas?

- Ich finde, das ist nicht so wichtig. Wichtig ist, dass die drei gut zusammen lernen können und dass es keine Rolle spielt, ob ein Mann oder eine Frau etwas erklärt. Wie findest du das Familienfoto?

- Du meinst das Foto, auf dem der Mann und die Frau die Kinder tragen? Es ist nicht schlecht. Für mich ist es ein Symbol, dass die Eltern gemeinsam für ihre Kinder und die Erziehung verantwortlich sind und nicht nur der Vater oder die Mutter. Das könnten wir für das Plakat nehmen.

- Ich finde aber auch das Foto mit der Grillparty passend. Es ist ganz interessant, dass hier die Frauen am Grill stehen und nicht die Männer. Oft ist das Grillen doch eine reine Männersache. Da ist es ziemlich modern und aktuell, wenn wir ein Foto haben, auf dem die Frauen am Grill stehen.

- Aber eigentlich ist Grillen kein so wichtiges Thema. Interessanter finde ich die Soldatin. Heute ist es in Deutschland normal, dass auch Frauen beim Militär sind. Das war früher nicht möglich.

- Trotzdem sollten wir dieses Bild nicht nehmen. Es ist zwar richtig, dass zur Gleichberechtigung und Gleichbehandlung auch gehört, dass Frauen Soldatinnen werden können, aber das Thema Militär und Krieg passt meiner Meinung nach nicht für unser Plakat. Passend finde ich aber das Foto, auf dem ganz klar ist, dass die Frau die Chefin ist und den Männern sagt, was sie machen sollen. Das Foto sollten wir auf jeden Fall nehmen. Es zeigt, dass es heute normal ist, dass die Männer Frauen als Chefinnen respektieren.
- Einverstanden. Dann fehlt noch ein zweites Foto für unser Plakat. Wir haben noch gar nicht über das Foto, auf dem die Leute tanzen, und das Foto, auf dem der Mann und die Frau ihre Kräfte beim Armdrücken messen, gesprochen.
- Also, das Foto mit dem Armdrücken mag ich nicht. Der Mann und die Frau sehen zu aggressiv aus. Wenn wir über das Verhältnis und die Rolle von Männern und Frauen diskutieren, geht es doch nicht darum, dass die Männer die Frauen besiegen sollen oder umgekehrt, sondern vor allem um Respekt und gleiche Rechte für alle. Das Foto passt meiner Meinung nach nicht.
- Aber das Foto, auf dem die Leute tanzen, gefällt mir. Der Mann und die Frau in der Mitte tanzen zusammen und haben gemeinsam Spaß. Warum nehmen wir nicht das Foto?
- Für unser Thema ist das Foto mit dem Armdrücken doch passender. Es ist drückt für mich aus, dass es beim Thema Männer und Frauen oft auch richtige und gar nicht so freundschaftliche Machtkämpfe gibt, auch wenn ich vorher gesagt habe, dass die beiden so aggressiv aussehen.
- Also dann würde ich vorschlagen, das wir noch das Foto mit den Leuten, die Deutsch lernen, auswählen, denn es zeigt sehr gut, dass ein respektvolles und partnerschaftliches Verhältnis für alle Menschen, egal ob Frauen oder Männer die beste Lösung ist, damit wir weiterkommen und das Zusammenleben funktioniert.
- Ja, das ist ok. Dann nehmen wir also das Foto, auf dem die Frau Chefin ist und das Foto, auf dem die Leute Deutsch lernen, für unser Plakat.

Kindererziehung, Elternhaus und Schule: S. 74–76

7b | 7c

Herr Watson: Guten Tag, Frau Möller.

Frau Möller: Guten Tag, Herr Watson. Es freut mich, dass Sie gekommen sind. Ich möchte mit Ihnen gerne über William sprechen. Wie ich schon am Telefon gesagt habe, geht es um seine Leistungen in Deutsch.

Herr Watson: Ja, ich weiß, dass er nicht so gut Deutsch spricht, das ist ja auch nicht erstaunlich, wir haben mehrere Jahre in Kanada gelebt und sind erst vor sechs Monaten nach Deutschland gekommen. Zu Hause spricht er nur mit seiner Mutter Deutsch, mit mir spricht er Englisch, das ist meine Muttersprache.

Frau Möller: Eigentlich spricht William gut Deutsch, aber er hat besonders mit der Rechtschreibung und manchmal auch beim Lesen Probleme.

Herr Watson: Meine Frau versucht schon, ihm zu helfen, aber sie arbeitet wie ich ganztags und hat manchmal nur am Wochenende Zeit dafür. Unser Au-pair, die nachmittags auf die Kinder aufpasst, kann auch nicht helfen, denn sie hat Französisch als Muttersprache. Was sollen wir machen?

Frau Möller: Wir haben an unserer Schule ein besonderes Angebot für Schüler, die nicht gut schreiben und lesen können. Es gibt Förderunterricht.

Herr Watson: Förderunterricht?

Frau Möller: Ja, wir bieten zweimal pro Woche Extra-Stunden in Deutsch am Nachmittag an, in denen sich die Lehrer ganz individuell um die Probleme der Kinder kümmern. Wir haben zwei Termine: am Dienstag und am Mittwoch jeweils um 15.00 Uhr.

Herr Watson: Und ich kann meinen Sohn einfach schicken?

Frau Möller: Ja, am besten kommt er schon morgen, also am Dienstag. Ich sage dem Lehrer Bescheid. Der Unterricht ist in Raum 011.

Herr Watson: Und ich werde mit meinem Sohn sprechen. Vielleicht sollte ich das auch mal auf Deutsch probieren.

Frau Möller: Warum nicht? Sie sprechen doch sehr gut Deutsch, Ihr Sohn kann für seine eigenes Deutsch sicher auch von Ihnen profitieren.

Umgang mit Konflikten: S. 83

1b

1.
- Hey Sie, hier in der S-Bahn wird nicht geraucht!
- Das kann Ihnen doch egal sein!

2.
- Kann es da vorne nicht etwas schneller gehen?
- Jetzt haben Sie mal Geduld! Die Kassiererin hat mir zu viel berechnet! Sie kommen auch noch dran!

3.
- Entschuldigen Sie, das ist mein Platz!
- Das ist mir doch egal! Dann sind Sie eben zu spät gekommen. Ich sitze hier schon seit 10 Minuten.

4.
- Wenn da unten nicht bald Ruhe ist, hole ich die Polizei!
- Pass bloß auf, dass wir nicht zu dir hochkommen!

5.
- Könnten Sie vielleicht Ihren Sitz nach vorne stellen? Ich kann sonst nicht essen.
- Lassen Sie mich gefälligst in Ruhe! Ich muss arbeiten. Ich bin hier nicht im Urlaub. Ich habe nachher einen Geschäftstermin und muss mich vorbereiten!

6.
- Hey, das hier war mein Platz! Hier habe ich gestanden! Wenn du nicht gleich abhaust, gibt's was auf die Nase!
- Willst du Ärger? Kannst du gerne haben!

7.
- Sie Idiotin! Können Sie nicht aufpassen? Ich hatte Vorfahrt! Ich rufe jetzt die Polizei.
- Immer mit der Ruhe! Ich schlage vor, wir regeln das erstmal ohne Polizei. Der Schaden ist ja nicht so groß. Zuerst sollten wir alles fotografieren und dann können wir immer noch die Polizei einschalten, wenn ...

8.
- Was soll das denn? Wissen Sie nicht, dass Plastikbecher kein Restmüll sind? In diesem Haus herrscht Ordnung!
- Kümmern Sie sich doch lieber um Ihre eigenen Angelegenheiten!

Lösungen

Orientierung – Was ist das?

S. 6–7

1c
1. Orientierung im Alltag – **2.** Orientierung im Beruf – **3.** Orientierung in Politik und Geschichte – **4.** Orientierung für die Zukunft

3a
Politik in der Demokratie: Fotos C, D – Geschichte in der Verantwortung: Fotos B, E – Mensch und Gesellschaft: Fotos A, F

MODUL 1 Politik in der Demokratie

Politik allgemein: S. 8–9

1a
1. Bundestag – **2.** Abgeordnete – **3.** Demokratie – **4.** Grundgesetz – **5.** Sozialsystem – **6.** Rechtsstaat – **7.** Bundespräsident – **8.** Brandenburger Tor – **9.** Parteien

1b
1. Richtig – **2.** Falsch – **3.** Falsch – **4.** Falsch – **5.** Richtig – **6.** Richtig – **7.** Richtig – **8.** Falsch – **9.** Falsch

Die Würde des Menschen: S. 10–14

1
Die Würde des Menschen bedeutet, dass alle Menschen unabhängig von ihrer Herkunft oder ihrem Geschlecht und Alter denselben Wert haben.

2
1. Artikel 3 – **2.** Artikel 4 – **3.** Artikel 5 – **4.** Artikel 16 a – **5.** Artikel 6 – **6.** Artikel 11 – **7.** Artikel 3

3
1 – **2** – **5**

4
Absatz 1: Erklärung 2 – Absatz 2: Erklärung 1

7
1. Ja – **2.** Nein – **3.** Nein – **4.** Ja – **5.** Nein – **6.** Ja – **7.** Ja –

8c
Beispiel:
1., 2. Verbot für DDR-Bürger, ins Ausland zu reisen. Der Staat kontrollierte das Leben komplett: von der Ferienzeit über die Arbeitssuche bis zur Wohnungssuche – **3.** Mehr Freiheiten, das Leben ist weniger reglementiert. Man kann reisen, wohin man will. – **4.** Er engagierte sich in seinem Heimatland für freie Wahlen. Er sollte von der Polizei verhaftet werden, konnte aber fliehen – **5.** Ist seit 2014 in Deutschland und seit einem Jahr als Asylant anerkannt. – **6.** In Deutschland gibt es mehr Rechtssicherheit. Man kommt nicht ins Gefängnis, weil man eine andere Meinung als die Regierung hat. Es gibt hier faire Prozesse. – **7.** Frauen haben viele Freiheiten, niemand kann ihnen verbieten, einen Beruf zu lernen. Sie konnte sich frei entscheiden, was sie studieren wollte. – Es ist gut, dass Erwachsene mit 18 Jahren ihr Leben selbst bestimmen können. – **8.** Ihre Eltern waren überrascht, weil sie nach ihrem 18. Geburtstag ausziehen und eine eigene Wohnung suchen wollte. Die Eltern waren nicht zufrieden, weil sie noch Schülerin war. Die Eltern haben sie aber unterstützt und mit Geld geholfen. Es ist gut, dass Erwachsene mit 18 Jahren ihr Leben selbst bestimmen können. – **9.** Frauen haben viele Freiheiten, niemand kann ihnen verbieten, einen Beruf zu lernen. Sie konnte sich nach dem Abitur frei entscheiden, dass sie Mathematik studieren wollte. – **10.** In vielen Ländern ist es anders: Dort darf man keine Straßeninterviews machen. Man muss dort bei Reportagen und Berichten aufpassen, was man schreibt. Schreibt man etwas, was der Regierung nicht gefällt, muss man sogar das Land verlassen. – **11.** Man braucht keine staatliche Erlaubnis, wenn man eine Reportage über Armut in Deutschland machen möchte. Man kann die Leute auf der Straße frei interviewen und die können frei ihre Meinung sagen. – **12.** Als Journalist muss man keine Sorge vor den Behörden haben, wenn man kritisch berichtet.

Vier Grundprinzipien: S. 15

1

2. Absatz 3 – **3.** Absatz 4 – **4.** Absatz 3 – **5.** Absatz 2 – **6.** Absatz 3 – **7.** Absatz 1 – **8.** Absatz 1 – **9.** Absatz 4

Bund, Länder und Gemeinden: S. 16–17

1

1. Schleswig-Holstein – **2.** Hamburg – **3.** Mecklenburg-Vorpommern – **4.** Bremen – **5.** Niedersachsen – **6.** Nordrhein-Westfalen – **7.** Sachsen-Anhalt – **8.** Berlin – **9.** Brandenburg – **10.** Sachsen – **11.** Thüringen – **12.** Hessen – **13.** Rheinland-Pfalz – **14.** Saarland – **15.** Baden-Württemberg – **16.** Bayern

3a

1. A – **2.** B – **3.** B – **4.** A

3c

1. A – **2.** B – **3.** B – **4.** A

4

1. Gemeinde- oder Stadträte
2. Angebote: Stadttheater, Volkshochschulen, Schwimmbäder, Sportanlagen, Stadtbibliotheken – Aufgaben: Müllentsorgung, öffentlicher Nahverkehr
3. Viele Bundes- und Landesbehörden haben in den Städten eigene Ämter und die kommunalen Behörden arbeiten im Auftrag des Bundes oder der Länder.

Die Verfassungsorgane: S. 18–20

1a

Bundespräsident: repräsentiert den Staat, ernennt und entlässt den Bundeskanzler und die Bundesminister, unterschreibt Gesetze, vertritt die Bundesrepublik Deutschland, ernennt Bundesverfassungsrichter, wird alle fünf Jahre von der Bundesversammlung gewählt – Bundesverfassungsgericht: höchstes deutsches Gericht, Sitz in Karlsruhe, prüft die Gesetze und ob sich der Staat an Gesetze hält, hier kann man klagen, wenn man ein Grundrecht verletzt sieht – Bundestag: wird vom Volk gewählt, wählt den Bundeskanzler mit absoluter Mehrheit, kontrolliert die Regierung, diskutiert und beschließt die Bundesgesetze, stimmt Verträgen mit dem Ausland zu, muss dem Bundeshaushalt zustimmen – Bundesregierung: Bundeskanzler und Bundesminister bilden Regierung, Bundeskanzler hat die meiste politische Macht und bestimmt Richtlinien der Politik, es gibt das Innen- und Außenministerium, das Verteidigungsministerium, das Finanzministerium, das Arbeitsministerium – Bundesrat: Vertreter der Landesregierungen, vertritt Interessen der Bundesländer, entscheidet bei Bundesgesetzen mit

2

1. gesetzgebende Gewalt – **2.** ausführende Gewalt – **3.** rechtsprechende Gewalt

3

1 – **2** – **4**

Pflichten – Aufgaben – Leistungen: S. 21–22

1

Beispiel:
Frau Sadowska mehr Personal in den Ämtern der Städte – Herr Huschke: Staat soll für Sicherheit sorgen, mehr Polizeikontrollen – Frau Binder: mehr soziale Sicherheit, Krankenversicherung, gutes Rentensystem, gleiche Bildungschancen für alle Kinder

2a

Beispiel:
Straßenbau und Straßeninstandhaltung – Universitäten (Bauten und Personal) – Ausbau und Instandhaltung des öffentlichen Nahverkehrs – Kommunale Infrastruktur, z. B. Schwimmbäder – Schulen (Bau, Lehrer) – Gerichtsbarkeit – Betreuung von Flüchtlingen und Migranten – öffentliche Sicherheit

3b

1. Schulpflicht – **2.** Meldepflicht – **3.** Steuerpflicht – **4.** Fürsorgepflicht – **5.** Respektierung der Gesetze

Staatssymbole: S. 23

1

1. B – **2.** C – **3.** A – **4.** E – **5.** D

Die Parteien: S. 24–26

1b
SPD: Rechte von Arbeitnehmern, soziale Gerechtigkeit, Chancengleichheit – CDU/CSU: gegründet nach dem Zweiten Weltkrieg, für protestantische und katholische Christen, soziale Gerechtigkeit – FDP: gegründet 1948, Bürgerrechte, liberale Wirtschaftspolitik – Bündnis 90 / Die Grünen: gegründet 1980, für erneuerbare Energien, Verbraucherschutz, gegen Atomenergie, für mehr Rechte für Minderheiten – Die Linke: gegründet 2007, demokratischer Sozialismus, soziale Sicherheit – AfD: gegründet 2013, Kritik am Euro, Kritik an der Flüchtlings- und Migrationspolitik, für ein traditionelles Familienbild

Wahlen in Deutschland: S. 27–28

1
1. Alle vier Jahre. – **2.** Alle deutschen Staatsbürger ab 18 Jahren. – **3.** In dem Ort, in dem man wohnt. – **4.** Eine Partei muss mindestens 5 % der Zweitstimmen haben, um in den Bundestag zu kommen. – **5.** Wahlen zeigen, ob die Wähler mit der Regierung zufrieden sind oder nicht.

2a
geheim – gleich – allgemein – unmittelbar – frei

2b
A Die Wahlen sind frei. – **B** Die Wahlen sind gleich. – **C** Die Wahlen sind geheim.

3
1. 80 – **2.** 246 – **3.** 67 – **4.** 153 – **5.** 69 – **6.** 94

4
1. B – **2.** A – **3.** B – **4.** B – **5.** A

Projekt Bürgermeisterwahl: S. 29

2a
Verkehr – Sportangebote – Angebote für Jugendliche und Senioren – Müllabfuhr

Soziale Sicherheit: S. 30–32

1a
Beispiel:
Alte und kranke Menschen brauchen Hilfe. Menschen, die ihre Arbeit verloren haben, bekommen bei der Agentur für Arbeit Unterstützung.

1b
1. D – **2.** C – **3.** B – **4.** A

2
1. Solidarprinzip bedeutet, dass Menschen mit Arbeit diejenigen unterstützen, die krank sind. – **2.** Sozialabgaben sind die Beiträge, die man für die Sozialversicherung bezahlen muss. – **3.** Arbeitnehmer und Arbeitgeber. – **4.** In der gesetzlichen Krankenversicherung.

3
1. Wohngeld – **2.** Arbeitslosengeld II – **3.** Kindergeld – **5.** Elterngeld

4
1. A – **2.** B – **3.** A – **4.** B – **5.** B

5
1. D – **2.** B – **3.** C – **4.** A

Am Wohnort: S. 33

1
1. Suchtberatung – **2.** Jugendamt – **3.** Ordnungsamt – **4.** Einwohnermeldeamt – **5.** Berufsinformationszentrum – **6.** Bundesagentur für Arbeit – **7.** Standesamt

Öffentlichkeit in der Demokratie: S. 34

1a
1. C: über Hilfsorganisationen – **2.** B: über Nachrichten im Fernsehen und Radio – **3.** A: über die Tageszeitung – **4.** D: über Internetzeitungen und -foren

1b
1. 3 – **2.** 2 – **3.** 4 – **4.** 1

Interessensverbände: S. 35

1a
1. A – **2.** C – **3.** B

1b
Gewerkschaften: engagieren sich für Gerechtigkeit, unterstützen Beschäftigte, organisieren Streiks – Mieterbund: vertritt Mieter, bezahlbare Mieten, informiert die Öffentlichkeit über Miet- und Wohnrecht, bietet Beratung an – Verbraucherzentrale Bundesverband: vertritt Verbraucher, trägt Anliegen an die Öffentlichkeit, weist auf Missstände hin, setzt Verbraucherrechte vor Gericht durch, Verbraucherberatung

Engagement für die Gemeinschaft: S. 36–37

1a
Herr Sgroi: Fußballverein, Trainer einer Jugendmannschaft – Frau Neureuther: Elternbeirat in der Schule ihres Sohnes – Frau Tesch: Freiwillige Feuerwehr – Herr Idler: Unterroder Tafel, Lebensmittel für Menschen mit sehr wenig Geld

1b
1. Richtig – **2.** Falsch – **3.** Richtig – **4.** Richtig

2a
Text 1: Der Bürgerverein informiert – Text 2: Unser Programm für den Ausländerbeirat – Internationale Liste

Modul 1: Abschlussquiz: S. 40–41

1. A – **2.** B – **3.** A – **4.** D – **5.** C – **6.** D – **7.** C – **8.** B – **9.** C – **10.** C – **11.** A – **12.** B – **13.** C – **14.** Angela Merkel – **15.** Frank-Walter Steinmeier – **16.** individuell

MODUL 2 Geschichte und Verantwortung

Der Nationalsozialismus und seine Folgen: S. 43–45

1
1. C – **2.** E – **3.** D – **4.** F – **5.** G – **6.** A – **7.** B

2
1. Diktatur – **2.** NSDAP – **3.** Holocaust – **4.** Auschwitz – **5.** Rassismus – **6.** Widerstand

3a
1. Hitlers Weg zur Macht – **2.** Rassenpolitik und Judenverfolgung – **3.** Der Zweite Weltkrieg – **4.** Der deutsche Widerstand

3b
1. Falsch – **2.** Richtig – **3.** Falsch – **4.** Richtig – **5.** Falsch – **6.** Richtig

4a
1. Stolperstein – **2.** Holocaust-Mahnmal – **3.** Gedenktag

5
Markus Roth: Damals sind schreckliche Dinge passiert. – Carla Petersmeyer: Deutsche müssen aufmerksam sein, wenn Neonazis aktiv werden.

1
Trennung von Mutter und Schwester – schwer arbeiten – Leichen einsammeln – sie sollte getötet werden – Hunger und Durst– Musik und Poesie – etwas Solidarität

Die Jahre 1945–1949: S. 47

1
1. B – **2.** A – **3.** C

2
1. Die bedingungslose Kapitulation Deutschlands und der Beginn des Wiederaufgaus in Deutschland – **2.** Ab Herbst 1945. – **3.** Die D-Mark. – **4.** Die überlebenden Führer der NS-Zeit. – **5.** Sie räumten die zerstörten Städte auf. – **6.** Über die Luftbrücke wurde West-Berlin mit Flugzeugen versorgt.

Die Jahre der Teilung: 1949–1989: S. 48–50

1
1. B – **2.** C – **3.** A – **4.** E – **5.** F – **6.** D

2a
Das Jahr 1949: Die Deutsche Demokratische Republik (DDR) entsteht am 7. 10. 1949 als sozialistischer Staat, der sich an der Sowjetunion orientiert. – Die fünfziger Jahre: Am 17. Juni 1953 gehen in der DDR Arbeiter auf die Straße. Sie protestieren gegen die Regierung und fordern u. a. freie Wahlen. Die Wirtschaft in der Bundesrepublik Deutschland wächst immer schneller und es fehlen Arbeitskräfte.

Es ist die Zeit des Wirtschaftswunders, der Lebensstandard steigt. – Die sechziger Jahre: Nachdem viele Menschen in den Westen geflohen sind, baut die DDR am 13.8.1961 die Berliner Mauer. – Die siebziger Jahre: Berühmt geworden ist der Kniefall von Willy Brandt vor dem Denkmal im Warschauer Ghetto. Damit bat er die Polen bzw. die polnischen Juden im Namen aller deutschen um Vergebung für die Verbrechen der Nationalsozialisten.

2b
2. F – **3.** B – **4.** G – **5.** D – **6.** E – **7.** A

Deutschland seit 1989: S. 51–53

1
1. E – **2.** A – **3.** C – **4.** B – **5.** F – **6.** D

2
1. Sie flüchteten über die österreichisch-ungarische Grenze oder besetzten westdeutsche Botschaften. – **2.** Protest gegen die DDR-Regierung, Forderung nach freien Wahlen – **3.** Im Dezember 1989. – **4.** Die Alliierten aus dem Zweiten Weltkrieg. – **5.** Am 2. Dezember 1990. – **6.** Das Ministerium für Staatsicherheit in der DDR. Es überwachte die DDR-Bürger.

3
Beispiel:
1. Er/Sie fühlt eine Distanz zwischen Ost- und Westdeutschen. – **2.** Er/Sie findet die Wiedervereinigung gut, aber sie ging zu schnell. Er/Sie glaubt, dass die Westdeutschen zu wenig über das Leben in der DDR wissen. – **3.** Er/Sie denkt, dass Ost und West zusammengehören, aber dass es immer noch Unterschiede zwischen Ost- und Westdeutschen gibt. Er/Sie meint, dass in der DDR nicht alles schlecht war. – **4.** Er/Sie hat sich sehr über die Wiedervereinigung gefreut, weil er/sie seine/ihre Geschwister wiedersehen konnte. Er/Sie denkt aber jetzt, dass Unterschied zwischen den Ostdeutschen und den Westdeutschen heute größer ist als bei der Wiedervereinigung

4
Man erfährt, dass die Löhne der Ostdeutschen teilweise immer noch ein Fünftel unter denen der Westdeutschen liegen.

Wichtige Ereignisse bis 2016: S. 54

1a
A 1 – **B** 6 – **C** 4

1b
1. Gerhard Schröder. – **2.** Die Reform des Arbeitsmarktes und des Sozialsystems. – **3.** Seit 2005. – **4.** 2022. – **5.** Fast 900 000.

Deutschland und Europa: S. 55–56

2
1. C – **2.** A – **3.** D – **4.** B

3
1. E – **2.** C – **3.** B – **4.** D – **5.** A

Das Europäische Parlament: S. 57

1
1. CDU/CSU: 34 – SPD: 27 – Grüne: 11 – Die Linke: 7 – AfD: 7 – FDP: 3 – Sonstige: 7

2
1. 751 – **2.** 13 Parteien

Die Europäische Union und ihre Bürger: S. 58

1a
A. Dinuslescu: Arbeitserlaubnis, Fördermittel, Investitionen – D. Kolar: Enttäuschung, Menschenrechte, Umweltschutz – M. Möller: gemeinsame Kultur, Weltpolitik, Krieg, Zusammenarbeit

1b
Beispiel:
1. Sie kann frei in Deutschland arbeiten. – **2.** Sie meinen, dass Rumänien nicht viel in der EU zu sagen hat. – **3.** Ihr Land Kroatien braucht die EU, um große Aufgaben (Umweltschutz, Menschenrechte) zu lösen. – **4.** Es gibt keine neuen Jobs und die Leute glauben nicht, dass es in Zukunft besser wird. – **5.** Weil die USA, Russland, Brasilien und China viel größer sind als die einzelnen Staaten in Europa. – **6.** Die Länder, die früher Krieg gegeneinander geführt haben, arbeiten jetzt zusammen.

Die Europäische Union 2016: S. 59

1a
B – C – D – E – F

1b

1. Lailah – **2.** Michelle – **3.** Michelle – **4.** Roman – **5.** Roman – **6.** Michelle – **7.** Lailah – **8.** Roman

Kurze Geschichte der Migration: S. 60

1b

Beispiel:

1. Sie wollten ein besseres Leben als in Deutschland haben. Einige hatten Angst vor politischer Verfolgung. – **2.** Aus Griechenland und Italien, aus der Türkei, aus Spanien. – **3.** Es sollten weniger Asylbewerber nach Deutschland kommen. – **4.** Die Zuwanderung, das Aufenthaltsrecht und der Zugang zum Arbeitsmarkt wurden neu geregelt. Außerdem soll die Integration gefördert werden.

Modul 2: Abschlussquiz: S. 62–63

1. B – **2.** B – **3.** C – **4.** B – **5.** C – **6.** C – **7.** B – **8.** D – **9.** C – **10.** B – **11.** B – **12.** D – **13.** B – **14.** A – **15.** B – **16.** D

MODUL 3 Mensch und Gesellschaft

Alltagskultur: S. 64–65

5

1. Richtig – **2.** Falsch – **3.** Falsch – **4.** Richtig – **5.** Falsch – **6.** Richtig – **7.** Richtig

Zwischen den Kulturen?: S. 66–68

1a

1. Deutschland – **2.** China – **3.** Irak – **4.** Kasachstan – **5.** Mexiko

1b

1. Richtig – **2.** Falsch – **3.** Falsch – **4.** Falsch – **5.** Richtig – **6.** Falsch – **7.** Richtig – **8.** Richtig

3

1. Berlin, Hamburg, Bremen, Hessen
2. In den neuen Bundesländern.
3. Migranten sind Menschen, die nach Deutschland zugewandert sind.

4

Beispiel:

1. In ihrer Schulzeit nur wenige Kinder aus dem Ausland in ihrer Klasse. Heute: Schüler aus verschiedenen Nationen in einer Schulklasse. Früher: nur wenige Restaurants mit ausländischer Küche. – **2.** Zuwanderung von Spätaussiedlern war positiv. Schule musste nicht schließen, im Dorf gibt es jetzt: eine Apotheke, die Post und neue Lebensmittelgeschäfte – **3.** Hat Arbeit als Buchhalter gefunden und berät Migranten aus der Türkei, die in Deutschland Firmen eröffnen.

Zusammenleben und Familie: S. 69–70

2a

1. A – **2.** E – **3.** B – **4.** D – **5.** C – **6.** F

2b

1. wollen Kinder haben, Ehe ist aber nicht wichtig
2. haben zwei Kinder, sind verheiratet, finden die Ehe wichtig (gibt Sicherheit)
3. ist geschieden, die Kinder sind bei ihr, die Situation ist besser als früher
4. leben zusammen, wollen ihre Partnerschaft beim Standesamt eintragen (gibt mehr Sicherheit)
5. ist nicht verheiratet, ist allein glücklicher
6. ist zum zweiten Mal verheiratet, hat Patchworkfamilie

4

1. Absatz 5 – **2.** Absatz 1 – **3.** Absatz 4 – **4.** Absatz 2 – **5.** Absatz 3

Gleichberechtigung und Gleichbehandlung: S. 71–73

1a

D – F

1b

Beispiel:

1. Zur Gleichberechtigung und Gleichbehandlung gehört auch, dass Frauen Soldatinnen werden können. – **2.** Es drückt aus, dass es beim Thema Männer und Frauen im Arbeitsleben oft auch richtige und gar nicht so freundschaftliche Machtkämpfe gibt. – **3.** Der Mann und die Frau in der Mitte tanzen zusammen und haben gemeinsam Spaß. – **4.** Es ist ein Symbol, dass die Eltern gemeinsam für ihre Kinder und die Erziehung verantwortlich sind und nicht nur die Mutter.

3a

1. Falsch – **2.** Richtig – **3.** Falsch – **4.** Falsch

3b

Beispiel:

Man erfährt, dass Männer und Frauen in der heutigen Zeit in der Familie und im Berufsleben gleichberechtigt sind. Vor 60 Jahren war das noch anders.

4

1. A, D, E, H, I – **2.** A, C

6

1, 3

Die Kindererziehung, Elternhaus und Schule: S. 74–76

2

Foto A: im Kindergarten/in der Kita – Foto B: bei den Eltern/zuhause – Foto C: in der Familie/bei Verwandten/bei den Großeltern – Foto D: in der Schule

3a

Beispiel:

In Brasilien sind die Verwandten (Großeltern, Onkel, Tanten) wichtig. Die Kinder gehen in eine Kita, oft passen ältere Geschwister auf die kleinen Kinder auf. Reiche Familien haben oft ein Kindermädchen.

5

1. Motivation – **2.** Selbstbestimmung – **3.** Respekt und Toleranz – **4.** Verantwortung

7b

Beispiel:

Williams Leistungen im Fach Deutsch – William spricht zuhause Deutsch und Englisch. – William hat Probleme mit der Rechtschreibung und beim Lesen. – Die Eltern haben wenig Zeit, um William zu helfen. – Vorschlag der Lehrerin: Förderunterricht an der Schule: mehr Stunden Deutsch, zweimal in der Woche

7c

1. B – **2.** B

8

1. Kinder sollen nicht nur Fachwissen lernen, sondern auch auf das Leben als Erwachsene vorbereitet werden. – **2.** Ihre Kinder auf die Zukunft vorzubereiten. Sie sollten sich auch für das Schulleben der Kinder interessieren. – **3.** Weil man ohne Abschluss keine Chance auf dem Arbeitsmarkt hat. – **4.** Am Morgen kontrolliert sie, ob ihr Sohn alles für die Schule eingepackt hat. Am Nachmittag kontrolliert sie, ob er seine Hausaufgaben gemacht hat. – **5.** Dass er seine Fehler genau anschauen soll. – **6.** In Mathematik und Französisch. – **7.** Weil sich seine Eltern getrennt hatten. – **8.** Sie haben mit seinem Vertrauenslehrer gesprochen. – **9.** Roman musste die Klasse nicht wiederholen.

Weiterbildung: S. 77–78

1b

Beispiel:

1. Frau Felgendreher: Patienten besser behandeln – Herr Alvarez: Kinder in der Schule besser fördern – Herr Winkler: Kunden sollen mit Qualität seiner Firma zufrieden sein. – Herr Turan: Kunden immer gut beraten.
2. Frau Felgendreher: Fortbildungen, um neue Krankheiten und neue Behandlungsmethoden kennenzulernen. – Herr Alvarez: Fortbildungen, um elektronische Medien, neue Lehrpläne und neue Unterrichtsmethoden kennenzulernen. – Herr Winkler: Fortbildungen im Bereich Elektronik, Telekommunikation, Buchführung und Qualitätssicherung. – Herr Turan: Fortbildungen/Seminare, um umweltfreundlichere Autos und Elektroautos kennenzulernen.

2

1. E – **2.** C – **3.** A – **4.** D – **5.** B

Wir werden immer älter: S. 79

2

Beispiel:

Ältere Menschen in Deutschland haben viele Möglichkeiten. Sie können in einen Verein eintreten und zum Beispiel am Sportprogramm oder in der Theatergruppe teilnehmen. Ältere Menschen können in einem Altersheim wohnen, wenn sie nicht allein leben wollen.

Interkulturelle Kompetenz: S. 80–81

1a

1. C – **2.** E – **3.** B – **4.** A – **5.** D

1b

1. Text 5 – **2.** Text 1 – **3.** Text 3 – **4.** Text 4 – **5.** Text 2

3

Beispiel:

1. Kulturelle Unterschiede gibt es auf Grund der Geschichte, des wirtschaftlichen und politischen Systems und im Alltagsleben. – **2.** Interkulturelle Kompetenz ist die Fähigkeit, interkulturelle Unterschiede zu verstehen und in einer fremden Kultur so zu handeln, dass man Erfolg hat. – **3.** Man muss für die fremde Kultur offen und bereit sein, sie zu verstehen.

Kommunikation ohne Worte: S. 82

2a

1. F – **2.** E – **3.** H – **4.** C – **5.** G – **6.** B – **7.** D – **8.** A

Umgang mit Konflikten: S. 83

1b

1. E – **2.** G – **3.** H – **4.** C – **5.** F – **6.** D – **7.** B – **8.** A

Zusammenleben in der Nachbarschaft: S. 85

1

Beispiel:

A. Müll liegt vor der Tür. – **B.** Aus einer Wohnung kommt laute Musik. – **C.** Leute grillen auf dem Balkon und den Nachbarn in der Wohnung darüber stört das. – **D.** Mopeds und Fahrräder sind im Treppenhaus. – **E.** Auf dem Spielplatz vor dem Haus sind große Hunde.

2

Beispiel:

Eine Hausordnung ist wichtig, weil sie das Zusammenleben aller Mitbewohner regelt. Durch die Hausordnung soll es keine Streits und Konflikte geben. Wenn alle aufeinander Rücksicht nehmen, fühlen sich die Bewohner wohl.

3

1. A – **2.** C – **3.** D – **4.** B – **5.** E

Recht im Alltag: S. 86

1

A. Text 1 – **B.** Text 4 – **C.** Text 3 – **D.** Text 2 – **E.** Text 1 – **F.** Text 4

Religiöse Vielfalt: S. 87–89

1

1. F – **2.** B – **3.** A – **4.** E – **5.** D – **6.** C – **7.** G

2

1. Moschee – **2.** Martin Luther – **3.** Synagoge – **4.** Guru – **5.** Tempel – **6.** Papst – **7.** Ikonostase

3

älteste Religionen: Hinduismus, Judentum – die meisten Anhänger weltweit: Christentum

6

1. Weil Deutschland eine christliche Tradition und das Christentum die deutsche und europäische Kultur geprägt hat.
2. Weil der Staat Kirchensteuer einzieht, wenn man der evangelischen oder katholischen Kirche angehört.
3. Es gibt christlichen, jüdischen und in manchen Bundesländern auch islamischen Religionsunterricht.

7a

1. und 2. Weihnachtsfeiertag, Karfreitag, Ostern, Christi Himmelfahrt, Pfingsten

8b

1. Bundesverfassungsgericht
2. **Beispiel:**
   Ein Kopftuch zu tragen, ist im Alltag in Deutschland nichts Ungewöhnliches mehr.

Die Zeit: S. 90

2a

A: In anderen Kulturkreisen versucht man oft, viele Aufgaben gleichzeitig zu erledigen.

B: Man erledigt eine Aufgabe nach der anderen und konzentriert sich auf eine Aufgabe.

Modul 3: Abschlussquiz: S. 92–93

1. – B, C – **2.** A, C – **3.** A, D – **4.** B, D – **5.** A, C – **6.** B, C – **7.** C, D – **8.** C, D – **9.** A, D – **10.** B, D – **11.** A, C – **12.** C, D

Tipps für den Test »Leben in Deutschland«: S. 96–97

1. Richtig – **2.** Falsch – **3.** Richtig – **4.** Falsch – **5.** Falsch **6.** Richtig – **7.** Richtig – **8.** Falsch

Modelltest: Leben in Deutschland: S. 98–102

1. A – **2.** D – **3.** B – **4.** A – **5.** C – **6.** B – **7.** A – **8.** A – **9.** D – **10.** D – **11.** C – **12.** A – **13.** B – **14.** D – **15.** D – **16.** D – **17.** C – **18.** A – **19.** A – **20.** D – **21.** B – **22.** B – **23.** C – **24.** B – **25.** D – **26.** A – **27.** A – **28.** C – **29.** D – **30.** C

Exkursion II: Stadtspaziergang Berlin: S. 105–111

1

Länge zwischen Ost- und West-Berlin: 43,1 km – Länge zwischen DDR-Gebiet und West-Berlin 111,9 km – Höhe: 3,6 m – 136 Tote an der Mauer zwischen 1961 und 1989. Nach neueren Untersuchungen: mindestens 138 Menschen getötet. An der innerdeutschen Grenze starben mindestens 251 Reisende. – 13. 8. 1961 bis 9. 11. 1989

2

Bösebrücke/Bornholmer Straße, Chausseestraße, Invalidenstraße, Bahnhof Friedrichstraße, Checkpoint Charlie, Heinrich-Heine-Straße, Oberbaumbrücke, Sonnenallee, Walterdorfer Chaussee – Das Grüne Band Deutschland ist ein Naturschutzgebiet entlang der ehemaligen 1400 km langen deutsch-deutschen Grenze.

3

Brandenburg, Hessen, Niedersachsen, Mecklenburg-Vorpommern, Rheinland-Pfalz, Saarland, Schleswig-Holstein – ein Element der Berliner Mauer

4

Auftrag Hitlers zur Verstärkung der Bunkeranlage: 18. 1. 1943 – Sprengung durch sowjetische Soldaten: 5. 12. 1947

5

2711 Stelen – sechs Porträts repräsentieren die sechs Millionen zwischen 1933 und 1945 in Europa ermordeten Juden. – Raum der Namen: Man hört die Namen und Kurzbiographien ermordeter und verschollener Juden Europa.

6

Ein Film zeigt zwei Homosexuelle, die sich küssen.

7

Mittlerer Durchgang: bis 9. November 1918 nur für Mitglieder der königlichen Familie – Im Gedanken an die Revolutionskämpfe in Berlin und die am 18. März 1848 getöteten Revolutionäre. – Der Satz „Wir sind das Volk!“: aus dem Gedicht „Trotz alledem!“ des Revolutionsdichters Hermann Ferdinand Freiligrath (1810–1876).

8

Frankreich – Akademie der Künste – Victoria

8a

Zur Erinnerung an die im Zweiten Weltkrieg gefallenen sowjetischen Soldaten. – Links und rechts vom Hauptzugangsbereich: zwei sowjetische Panzer. Sie sollen die 1945 als erste Berlin erreicht haben.

9

Die Verschleppung begann 1938. – Himmler erließ den Befehl 1942. – Die Transporte begannen 1943.

10

20 Wappen, die die 27 Bundesstaaten repräsentieren, die 1871 das Deutsche Reich gegründet haben.

11

Erster Mauertote: Günter Litfin, 24. 08. 1961. – Das Kreuz rechts außen ist den unbekannten Opfern an der Mauer gewidmet. – Die Mauer verlief auf der Seite der Spree, an der das Reichstagsgebäude liegt. Die Wasserfläche gehörte zu Ost-Berlin.

12

offene Antwort.

Beispiel: Je nach Standort sind die Elemente nah beieinander oder weiter entfernt voneinander. Vielleicht ein Symbol für das Verhältnis der Deutschen in Ost und West zueinander.

Cover: Fotolia / sergign – **v. l. n. r.: 4 (1)** Fotolia / Roland Abel; **4 (2)** akg-images; **4 (3)** akg-images; **4 (4)** Fotolia / DOC RABE Media; **4 (5)** Fotolia / Christian Schwier; **4 (6)** Topic Media/Martin Moxter; **4 (7)** imagebroker / Norbert Michalke; **4 (8)** Colourbox.com; **4 (9)** Fotolia / Photocreo Bednarek; **4 (10)** Fotolia / Ant_svgdal; **4 (11)** imago / – **v. l. n. r.: 5 (1)** Fotolia / animaflora; **5 (2)** Fotolia goodluz; 5 **(3)** Fotolia / pololia; **5 (4)** Cornelsen / zweiband.media, Berlin; **5 (5)** F1online; **5 (6)** Shutterstock / wavebreakmedia; **5 (7)** Fotolia / elxeneize; **5 (8)** Fotolia / Pavel Losevsky; **5 (9)** Shutterstock / gpointstudio; **5 (10)** Fotolia / Christian Schwier – **7A** Fotolia / Erika Kyte; **7 B** imagebroker / Norbert Michalke; **7 C** © Deutscher Bundestag/Werner Schüring / © VG Bild-Kunst, Bonn 2017; **7 D** Fotolia / VRD; **7 E** akg-images; **7 F** Fotolia / Pavel Losevsky – **8 (1)** Fotolia / Roland Abel; **8 (2)** © Deutscher Bundestag/Achim Melde; © VG Bild-Kunst, Bonn 2017; **8 (3)** Fotolia / Christian Schwier; **8 (5)** Fotolia / Sport Moments – **9 (6)** picture alliance / Daniel Maurer; **9 (7)** action press / FUTURE IMAGE; **9 (8) re.** © Bundesministerium der Finanzen; **9 (8) li.** © Bundesministerium der Finanzen; **9 (9)** action press / Meissner, Peteraction press – **v. l. n. r.: 10 (1)** Fotolia / goodluz; **10 (2)** Fotolia / Steve Lovegrove; **10 (3)** Fotolia / Susanne Güttler; **10 (4)** Fotolia / karaboux; **10 (5)** Fotolia / philidor; **10 (6)** Fotolia / Franz Pfluegl – **12 ob. li.** Cornelsen/zweiband.media, Berlin – **13 (1)** Fotolia / pressmaster; **13 (2)** Shutterstock / Rikard Stadler; **13 (3)** Fotolia / Gerald Jöhri; **13 (4)** Fotolia/fovito; **13 (5)** Fotolia / Monkey Business; **13 (6)** Shutterstock / Andrew Lever; **13 (7)** Fotolia / Robert Kneschke – **14 (1)** Colourbox; **14 (2)** Fotolia / marcfotodesign 42959824; **14 (3)** Fotolia / Dan Race; **14 (4)** Fotolia / Robin 94136815 – **16** Cornelsen / Volkhard Binder; **16 ob. li.** Fotolia / somartin; **16 ob. re.** Freigabe durch Bundesverwaltungsamt, Köln / Bezug der Abbildung: Shutterstock/Little Hand Creations; **In Bildfolge: 16 (1)** Innenministerium Baden-Württemberg; **16 (2)** Bayerisches Staatsministerium des Innern, für Bau und Verkehr; **16 (3)** Senatsverwaltung für Inneres und Sport Berlin; **16 (4)** Ministerium des Innern und für Kommunales Brandenburg; **16 (5)** Freie Hansestadt Bremen, Senatskanzlei; **16 (6)** Senatskanzlei Hamburg; **16 (7)** Hessisches Ministerium des Innern und für Sport; **16 (8)** Ministerium für Inneres und Sport Mecklenburg-Vorpommern; **16 (09)** Niedersächsische Staatskanzlei; **16 (10)** Ministerium für Inneres und Kommunales Nordrhein-Westfalen; **16 (11)** Staatskanzlei Rheinland-Pfalz; **16 (12)** Ministerium für Inneres und Sport Saarland; **16 (13)** Sächsische Staatskanzlei; **16 (14)** Ministerium für Inneres und Sport des Landes Sachsen-Anhalt; **16 (15)** Ministerium für Inneres und Bundesangelegenheiten des Landes Schleswig-Holstein; **16 (16)** Thüringer Ministerium für Inneres und Kommunales – **18 (1)** Fotolia / Photocreo Bednarek; **18 (2)** © Bundesverfassungsgericht/lorenz.fotodesign, Karlsruhe; **18 (3)** © Deutscher Bundestag/Arndt Oehmichen; **18 (4)** © Deutscher Bundestag / Achim Melde – **19 (5)** Fotolia / dbrnjhrj – **v. l. n. r.: 21 (1)** Fotolia / Wolfilser; **21 (2)** Shutterstock / wavebreakmedia; **21 (3)** Fotolia / Heike Jestram; **21 (4)** Fotolia / nuwanda; **21 (5)** lev dolgachov; **21 (6)** Fotolia/Kzenon; **21 (7)** Fotolia / Utirolf; **21 (8)** Fotolia /Arno Bachert – **22 (1)** TOPICMedia / Werner Otto; **22 (2)** Fotolia / pressmaster; **22 (3)** Fotolia / atlang; **22 (4)** Bundesministerium des Innern; **22 (5)** Fotolia / ArTo; **22 (6)** Deutscher Bundestag – **23 A** Clipdealer / Karl-Heinz Spremberg; **23 B** Fotolia / elxeneize; **23 C** imago; **23 D** Cornelsen/zweiband.media, Berlin; **23 E** Shutterstock/Little Hand Creations – **24 (1)** © SPD; **24 (2) ob.** © CDU; **24 (2) un.** © CSU; **24 (3)** Freie Demokratische Partei, Berlin; **24 (4)** © BÜNDNIS 90/DIE GRÜNEN; **24 (5)** © Die Linke; **24 (6)** Alternative für Deutschland, Berlin; **24 ob.** picture alliance / BeckerBredel; **24 Mi.** action press / Ohlenbostel, Guidoaction press; **24 un.** picture alliance / Monika Skolim – **25 un.** Hans Christian Plambeck / laif; **25 Mi.** action press / Ralf Rottmann / Funke Foto S.action press; **25 ob.** picture alliance / Peter Steffen – **27 ob.** Fotolia / Carola Vahldiek – **28 ob.** Shutterstock / gkphotos2013; **28 un.** Fotolia / DOC RABE Media; **29** Fotolia / Jürgen Fälchle – **30 A** Fotolia / Gina Sanders; **30 B** Fotolia; **30 C** Topic Media / Martin Moxter; **30 D** Fotolia / Bernhard Schmerl – **32 A** Shutterstock / Lisa S.; **32 B** Fotolia / Irina Fischer; **32 C** Fotolia / mapoli-photo; **32 D** Fotolia / CandyBox Images – **v. l. n. r.: 33 (1)** Topic Media / Martin Moxter; **33 (2)** imago/Revierfoto; **33 (3)** Fotolia / blende11.photo; **33 (4)** imago/; **33 (5)** Fotolia / animaflora; **33 (6)** Stadt Nürnberg – Jugendamt; **33 (7)** Clip Dealer /Rebmann; **v. l. n. r.: 33 (1) un.** Fotolia / Marzanna Syncerz; **33 (2) un.** Fotolia / Mirko Raatz; **33 (3) un.** Fotolia / hachmeister; **33 (4) un.** Fotolia / FrankU – **34 B** Colourbox.com; **34 C li.** © Greenpeace /Bernd Arnold/VISUM; **34 C li.** Logo Greenpeace e. V.; **34 C. re.** AMNESTY INTERNATIONAL; **34 D** Cornelsen/zweiband.media, Berlin – **35 A** Deutscher Mieterbund e. V.; **35 B** IG Metall; **35 C** Verbraucherzentrale Bundesverband e.V. (vzbv) – **36 (1)** mauritius images / Peter Enzinger; **36 (2)** Fotolia / DragonImages; **36 (3)** Shutterstock / Matej Kastelic; **36 (4)** @ Marc Borchert; **36 (5)** Bundesverband Deutsche Tafel e. V. / Dagmar Schwelle; **36 (6)** imago/Lars Berg; **36 (7)** Shutterstock / pixelheadphoto digitalskillet – **37** Cornelsen /zweiband.media, Berlin – **42 ob. li.** akg-images; **42 re.** Shutterstock / lumen-digital; **42 un. li.** Laif/Ouwerkerk/Hollandse Hoogte – **43 A** akg-images; **43 B** action press/; **43 C** akg-images / Album / Prisma; **43 D** action press; **43 E** culture-image; **43 F** Shutterstock / T Fabian; **43 G li.** imago/ Leemage; **43 G re.** Geschwister-Scholl-Archiv / Süddeutsche Zeitung Photo – **45 ob.** F1online;

45 Mi. Fotolia / Ant_svgdal; **45 un.** action press / SCHMIDT, AXEL – **46 ob.** Witi de Tera /Opale/Leemage/ laif – **47 A** Cornelsen / Volkhard Binder; **47 B** akg-images / Universal Images Gr; **47 C** akg-images – **48 A** akg-images; **48 B** Fotolia / Jürgen Priewe; **48 C** picture-alliance / dpa; **48 D** imago/; **48 E** akg-images; **48 F** akg-images / Gert Schütz – **49 ob.** imago / imago / Leemage; **49 Mi.** picture-alliance / dpa; **49 un.** akg-images / Gert Schütz – **50 ob.** bpk | Digne Meller Marcovicz; **50 Mi.** imago / Jochen Tack; **50 (1) un.** picture-alliance / dpa; **50 (2) un.** picture-alliance / dpa; **50 (3) un.** Fotolia / fredli; **50 (4) un.** action press / ZUMA PRESS INC. LAGUNA BEACH, CA – **51 A** akg-images / AP; **51 B** akg-images / Dieter E. Hoppe; **51 C** action press/; **51 D** picture-alliance / dpa; **51 E** imago / CTK Photo; **51 F** imago / Sven Simon – **54 A** picture-alliance / dpa; **54 B** picture alliance / dpa; **54 C** Fotolia / fototrm12 – **55** Cornelsen / Volkhard Binder – **56 A** Fotolia / Yvonne Bogdanski; **56 B** © European Union 2014 – Source EP – Architecture Studio.; **56 C** © Europäische Union 2015; **56 D** imago / Xinhwa; **56 E** F1online – **58 ob.** Shutterstock / Nadino; **58 Mi.** Shutterstock / Tanit; **58 un.** Shutterstock / Goodluz – **59 A** action press / REX FEATURES LTD. LONDON E.C. 1; **59 B** Shutterstock / Janossy Gergely; **59 C** Fotolia / Eisenhans; **59 D** Shutterstock / Giovanni Vale; **59 E** Fotolia / ake1150; **59 F** Shutterstock / Pawel Kazmierczak – **60 A** akg-images; **60 B** actionpress / ullstein – Archiv Gerstenberg; **60 C** Cornelsen/Hugo Herold Fotokunst – **v. l. n. r.: 64 (1)** Fotolia / auremar; **64 (2)** Fotolia / Robert Kneschke; **64 (3)** Shutterstock / oneinchpunch; **64 (4)** Shutterstock / Lisa F. Young – **66 (1)** Fotolia / Antonio Gravante; **66 (2)** Fotolia / lefebvre_jonathan; **66 (3)** Fotolia / alephnull; **66 (4)** Fotolia / Milan Jurkovic; **66 (5)** Clip Dealer /Andres Rodriguez – **68 (1)** Shutterstock / goodluz; **68 (2)** Fotolia / ricardoferrando; **68 (3)** Fotolia / robert lerich – **69 A** Fotolia / fredredhat; **69 B** Fotolia / Christian Schwier; **69 C** Shutterstock / michaeljung; **69 D** Fotolia / pololia; **69 E** Fotolia / Karen; **69 F** Fotolia / Robert Kneschke – **70 li.** Fotolia / Pavel Losevsky; **70 Mi.** Fotolia / Claus Mikosch; **70 re.** Shutterstock / gpointstudio – **71 A** Fotolia © Shannon Fagan; **71 B** Shutterstock / Pressmaster; **71 C** Maskot /Maskot/F1online; **71 D** Daniel Meyer, Berlin; **71 E** Shutterstock / sylv1rob1; **71 F** Shutterstock / wavebreakmedia; **71 G** Fotolia/ RUSLAN GUZOV – **72 (1)** Fotolia / Pavel Losevsky; **72 (2)** Fotolia / pressmaster; **72 (3)** Fotolia / Inga Domian; **72 (4)** Clip Dealer /Rivka Dagim Ribkov – **74 2 A** Fotolia / Monkey Business; **74 2 B** Fotolia / Elvira Schäfer; **74 2 C** Fotolia / Fotofreundin; **74 2 D** Fotolia / Christian Schwier; **74 Mi. li.** Shutterstock / Filipe Frazao – **75 Mi. re. / 75 Mi. li.** Fotolia/contrastwerkstatt; **75** Cornelsen / zweiband.media, Berlin – **76 (1)** Fotolia / tiero; **76 (2)** Fotolia / Amy Dunn; **76 (3)** Fotolia – **77 (1)** Fotolia / Picture-Factory; **77 (2)** This image is property of Franck Boston; **77 (3)** Fotolia / auremar; **77 (4)** Fotolia / WavebreakmediaMicro – **79 ob.** Fotolia / jamstockfoto; **79 Mi.** Fotolia / richterfoto.de; **79 un.** Fotolia / Elisabeth Rawald – **82 A** Shutterstock / Asier Romero; **82 B** Shutterstock / Andrey_Popov; **82 C** Shutterstock / Syda Productions; **82 D** Fotolia / iko; **82 E** Ramona Heim; **82 F** Fotolia / pikselstock 171233; **82 G** Fotolia / Robert Kneschke 23009006; **82 H** Shutterstock / Dean Drobot – **87 A** Fotolia / Jasminko Ibrakovic; **87 B** Shutterstock / giulio napolitano; **87 C** Fotolia / Floydine; **87 D** akg-images / Gerard Degeorge; **87 E** akg-images / János Kalmár; **87 F** TopicMedia; **87 G** akg-images / Universal Images Gr – **88** Cornelsen/zweiband.media, Berlin – **90 ob. li.** Fotolia / Udo Kroener; **90 ob. Mi.** Fotolia / peresanz; **90 ob. re.** Fotolia / Jasper Grahl – **94 Mi. li.** Fotolia / Roland Abel; **94 Mi. re.** action press/; **94 un.** Fotolia / Karen – **96** Shutterstock / ESB Professional – **99** Fotolia / Roland Abel – **100** imago / – **105** Fotolia / philipk76 – **106 ob.** Cornelsen / Volkhard Binder; **106 un. re.** Shutterstock / lumen-digital – **107 ob.** Shutterstock / Usoltceva Anastasiia; **107 un.** Shutterstock / Evgeny Shmulev – **108 ob.** imago; **108 un.** Fotolia / mije shots – **109 ob.** Fotolia / JFL Photography; **109 Mi.** Fotolia/stra74; **109 un.** Glow Images /imagebroker.com – **110 ob.** Shutterstock / elxeneize; **110 un.** Fotolia / Frankix – **111 ob.** Fotolia / sehbaer_nrw – **U2 Karte** Cornelsen Schulverlage / Carlos Borrell – **U3 ob. li.** Fotolia / somartin; **ob. re.** Shutterstock / Little Hand Creations; Karte Cornelsen / Volkhard Binder; Wappen: **1** Innenministerium Baden-Württemberg; **2** Bayer. Staatsministerium des Innern, für Verkehr und Bau; **3** Senatsverwaltung für Inneres und Sport Berlin; **4** Ministerium des Innern und für Kommunales Brandenburg; **5** Freie Hansestadt Bremen, Senatskanzlei; **6** Senatskanzlei Hamburg; **7** Hessisches Ministerium des Innern und für Sport; **8** Ministerium für Inneres und Sport Mecklenburg-Vorpommern; **9** Niedersächsische Staatskanzlei; **10** Ministerium für Inneres und Kommunales Nordrhein-Westfalen; **11** Staatskanzlei Rheinland-Pfalz; **12** Ministerium für Inneres und Sport Saarland; **13** Sächsische Staatskanzlei; **14** Ministerium für Inneres und Sport des Landes Sachsen-Anhalt; **15** Ministerium für Inneres und Bundesangelegenheiten des Landes Schleswig-Holstein; **16** Thüringer Ministerium für Inneres und Kommunales – **Textquelle: 46** »Ich sah Leichen, die angezündet wurden«, Oliver Das Gupta und Lisa Ehrich, Süddeutsche Zeitung, 26. 1. 15